mulher, roupa, trabalho

Mayra Cotta
Thais Farage

mulher, roupa, trabalho

Como se veste a desigualdade de gênero

Copyright © 2021 by Mayra Cotta e Thais Farage

A Editora Paralela é uma divisão da Editora Schwarcz S.A.

Grafia atualizada segundo o Acordo Ortográfico da Língua Portuguesa de 1990, que entrou em vigor no Brasil em 2009.

CAPA Tereza Bettinardi
IMAGENS DE CAPA Shutterstock
PREPARAÇÃO Eloah Pina
REVISÃO Jasceline Honorato e Renato Potenza Rodrigues

Dados Internacionais de Catalogação na Publicação (CIP)
(Câmara Brasileira do Livro, SP, Brasil)

Cotta, Mayra
  Mulher, roupa, trabalho : como se veste a desigualdade de gênero / Mayra Cotta e Thais Farage. – 1ª ed. – São Paulo : Paralela, 2021.

  Bibliografia.
  ISBN 978-85-8439-220-9

  1. Identidade de gênero 2. Moda 3. Mulheres – Aspectos sociais 4. Mulheres – Trabalho 5. Vestuário – Aspectos sociais I. Farage, Thais. II. Título.

21-76109   CDD-391.2

Índice para catálogo sistemático:
1. Mulher : Roupa : Trabalho : Usos e costumes 391.2

Cibele Maria Dias – Bibliotecária – CRB-8/9427

1ª reimpressão

[2022]
Todos os direitos desta edição reservados à
EDITORA SCHWARCZ S.A.
Rua Bandeira Paulista, 702, cj. 32
04532-002 — São Paulo — SP
Telefone: (11) 3707-3500
editoraparalela.com.br
atendimentoaoleitor@editoraparalela.com.br
facebook.com/editoraparalela
instagram.com/editoraparalela
twitter.com/editoraparalela

Este livro é dedicado a todas as mulheres que trabalham — seja em casa, exercendo o trabalho invisível do cuidado, seja no ambiente público. E também a todas as mulheres que dividiram com a gente suas angústias, seus medos, suas dificuldades, suas paixões, seus desejos e seus armários; este livro só existe porque ouvimos e fomos ouvidas.

SUMÁRIO

INTRODUÇÃO
Rumo à construção do nosso próprio poder 9

1. Mulheres e mundo do trabalho: como chegamos até aqui 19
2. A moda e os códigos 87
3. As roupas e o assédio sexual no trabalho 124
4. Mãe com estilo e estilo de mãe 162
5. A busca eterna pelo look ideal 188

CONCLUSÃO
Como fazer a roupa trabalhar para nós? 217

Agradecimentos 223
Referências bibliográficas 227
Sobre as autoras 231

INTRODUÇÃO: RUMO À CONSTRUÇÃO DO NOSSO PRÓPRIO PODER

> *Paremos de tentar navegar sistemas de poder e comecemos a construir nosso próprio poder.*
> Alexandria Ocasio-Cortez

Arrumar-se para ir trabalhar é uma atividade rotineira, porém não tão simples quanto parece. E, como quase tudo na sociedade em que vivemos, afeta de maneira profundamente distinta homens e mulheres. Se "roupa de trabalho" nem sequer é um assunto debatido entre eles, elas, por sua vez, enfrentam todos os dias questões que parecem não ter solução: mulheres mais velhas querem parecer mais jovens, e as mais jovens querem parecer mais velhas; o comprimento da saia deve ter a medida exata para evitar assédio, mas sem que pareçamos matronas conservadoras; o terninho precisa ser feminino, desde que não seja "feminino demais" (e cuidado: mandaram avisar que terninho não está mais na moda e que ele pode deixar você antiquada); precisamos estar arrumadas o suficiente para não parecermos desleixadas, mas não arrumadas demais a ponto de nos julgarem vaidosas ou fúteis; o uniforme não delineia nossas formas como gostaríamos, ou as marca demais e nos deixa desconfortáveis.

Nossa roupa é invariavelmente apontada, comentada, analisada e criticada por todo mundo, o que não ocorre com os homens. A mulher no trabalho parece representar um convite aberto para julgamentos, sendo que a roupa é parte fundamental nessa equação do desconforto. Vestir-se para ir trabalhar passa a ser, então, um esforço recorrente para que o foco esteja no trabalho, na nossa competência, nas atividades desempenhadas, e não no que vestimos. Nosso guarda-roupa se transforma em um campo minado de escolhas com tantas variáveis que apenas um modelo matemático muito complexo seria capaz de solucionar. E talvez nem isso. Afinal, até hoje, todas as tentativas de fornecer respostas exclusivamente quantitativas para questões essencialmente políticas foram um fracasso retumbante.

Aquilo que é considerado adequado para uma mulher vestir no ambiente de trabalho é uma ideia que com frequência parece fugir de nós, escapando por entre nossos dedos quando passamos a mão pelos cabides ou remexemos as gavetas. No gabinete de um órgão público, na empresa, no set de filmagem, na residência de alguém, no estúdio, na escola, na oficina, no campo, no laboratório, na sala, na baia, no consultório ou no *hot desk*, não importa: estaremos sempre "um pouco demais" ou "um pouco de menos", com muito disto ou faltando daquilo. O local de trabalho pode ser um escritório com dress code rígido, uma empresa mais moderninha e informal ou uma fábrica que exija uniforme. Podemos nos vestir para ficar em pé o dia inteiro, para ir de um lado a outro em reuniões pela cidade, para ficar sentadas em frente ao computador, para fazer limpeza ou servir café. Não importa o contexto, é muito provável que nos questionemos sobre estarmos apropriadas.

Precisamos entender melhor por que isso acontece. E é justamente isto que queremos investigar e discutir neste livro: por que a relação da mulher com a roupa de trabalho é tão complicada? Por que enfrentamos tantos dramas no momento de escolher o que vestir para ir trabalhar? De onde vêm tantas questões que parecem nem sequer existir para o gênero masculino? E, por fim, o que podemos aprender com essas complicações a fim de lidar com elas e reescrever nossa relação com o vestuário? O fato de essas perguntas guiarem permanentemente nosso dia a dia de trabalho nos levou a abordá-las de modo sistemático e aprofundado aqui. A nossa reflexão sobre o lugar da mulher no mundo do trabalho começa pela roupa: é através dela que visualizamos nossas inquietações e pensamos a respeito de possíveis caminhos para a mudança.

Partimos da premissa de que o trinômio mulher-roupa-trabalho nunca é um assunto apenas do universo da moda, mas do âmbito político de fato. São muitos os fatores que consideramos ao escolher uma roupa para usar, e boa parte deles não tem relação com "o que combina com o quê": será que esta roupa não vai me expor a situações de assédio? Este vestido não me faz parecer velha demais? Que tipo de camisa me deixa mais séria e profissional? Não vou ser julgada por escolher este corte de saia? Já não passei da idade de ter peças de roupa desta cor? Se eu usar esta estampa, vão fazer piada? Nenhuma dessas indagações pode ser respondida só pela moda — pelo menos não por aquela moda entendida como um conjunto de saberes sobre tendências estéticas completamente descolado e independente dos contextos sociais e culturais em que está inserido.

Afinal, quando o assunto é trabalho, tudo se complica ainda mais. Estar vestida de forma adequada ao meio profissional parece ser um objetivo inalcançável para nós, mulheres, já que é através da roupa que o nosso não pertencimento àquele espaço é constantemente evidenciado. O acesso ao mundo do trabalho formal, bem remunerado e prestigiado socialmente nos foi negado ao longo da história, e até hoje precisamos enfrentar inúmeros obstáculos para conseguir ocupá-lo. O terno é uma alegoria-chave dessa problemática: não há uma peça no guarda-roupa feminino que imprima tanta força e poder, há tantos anos e em tantos ambientes diferentes, quanto o terno. Nem mesmo o terninho usado pelas mulheres — que surgiu justamente a partir da ideia de adequar o terno tradicional às formas femininas — conseguiu firmar a presença da mulher no mercado de trabalho. Basta analisar ambientes formais para perceber que essa "solução" criada nos anos 1980 está longe de ocupar de maneira hegemônica o papel de roupa social feminina. Enquanto para os homens a unanimidade dessa vestimenta lhes garante o privilégio de ocupar os espaços públicos como se fossem exclusivamente deles, as mulheres precisam inventar a própria armadura e escrever os próprios códigos quase que diariamente.

Pensar a respeito do que vestir para ir trabalhar constitui um exercício diário de reivindicação do pertencimento, uma vez que a roupa é a expressão material da nossa insistência em ocupar o mundo do trabalho e representa uma prática constante de negociação entre o que nos é imposto e o que de fato queremos. Essas questões nos invadem quando estamos sozinhas na frente do espelho, sem enxergar uma saída. Tanto para quem gosta de moda e busca informações a respeito quanto para quem não se importa muito com o assunto, parece não haver respostas que de fato nos ajudem nessa tarefa diária — escolher uma roupa que realmente comunique o que queremos, que nos faça ocupar nosso espaço com mais confiança, sem que precisemos nos fantasiar de homens. Arriscamos dizer que a maioria de nós nem sequer se pergunta como gostaria de se vestir para o trabalho, pois estamos ocupadas demais buscando uma roupa que nos ajude a pertencer.

Por isso, escrevemos um livro que repensa a moda a partir de suas raízes políticas e questiona a política a partir da moda, tendo como ponto de partida a roupa das mulheres no espaço de trabalho. Acreditamos que é promissor refletir sobre a relação que nós, mulheres, em toda a nossa pluralidade, temos com a roupa — e em especial com a roupa de trabalho —, a fim de encontrar saídas que façam sentido para cada uma e que sejam capazes de construir coletivamente uma sociedade com mais justiça e igualdade de gênero.

Os casos que trazemos aqui foram pensados a partir dos workshops de Estilo no Trabalho, oferecidos há anos pela Farage Inc. Embora muitas leitoras não necessariamente tenham experimentado aquilo que identificamos como recorrente na vida das mulheres, a vivência individual não invalida a existência objetiva das estruturas opressoras. É sempre um alento ouvir relatos de mulheres que nunca lidaram com essas questões; saber que há, no mundo, aquelas que acordam todos os dias e se vestem para o trabalho sem quaisquer dúvidas. Não significa, no entanto, que esses problemas não existam e que não sejam sistêmicos: a maioria das mulheres tem de enfrentá-los e lidar com as relações de poder igualmente opressoras que eles refletem.

Para responder aos questionamentos mais comuns, retomamos, nos primeiros capítulos, um pouco da história política que nos trouxe até aqui, investigando as raízes ideológicas, históricas, sociais, políticas e culturais dos problemas concretos que as mulheres enfrentam ao se vestir para o trabalho. A partir dessa contextualização tão necessária é possível discutir de maneira mais profunda e sistemática a moda e o ato cotidiano de se vestir.

Aqui você não encontrará regras sobre o que combina com o quê. Tampouco daremos respostas definitivas sobre o look mais apropriado para os diferentes ambientes corporativos. Seria muito ingênuo achar que falar de roupa de trabalho é se restringir a discussões sobre tipos de tecidos, cortes, cores e estampas. Muito mais do que oferecer conselhos de moda ou regras simplistas, queremos construir um conhecimento político capaz de fundamentar as práticas diárias das mulheres na hora de se vestir para o trabalho. Esperamos também que alguns homens se interessem por esta leitura, porque acreditamos que estas reflexões podem ajudar a transformar a forma como olham para as colegas de trabalho e as roupas delas.

Cabe aqui um alerta: nossa intenção não é desvendar o código escrito pelos homens e nos encaixar nele. Queremos escrever nossos próprios códigos. Há tempo demais nossa relação com a moda tem sido simplesmente nos diminuir para caber. Não nos atrai a ideia de que as mulheres "aprendam" como são "lidas" quando usam determinada roupa. Desejamos que cada mulher se sinta bem com a roupa que tem vontade de usar. Não basta apresentar uma solução para sermos aceitas no mundo do trabalho, conformando-nos a como ele é, tal e qual. Não estamos tentando descobrir a roupa que finalmente nos fará de fato pertencer a esse mundo. Não intencionamos reinventar o blazer ou deixar o terno "mais feminino". Não lutamos para que algumas de nós consigam acessar os mesmos privilégios que os homens. A ideia deste livro é, no que for possível, o exato oposto.

Estamos aqui para dizer que não existe um tipo de roupa que nos faça ser respeitadas e ouvidas, porque nenhuma peça é a verdadeira culpada pela truculência do mercado de trabalho com as mulheres. E se não existe um look que haja como uma capa equalizadora de papéis, essa busca frustrada pela roupa perfeita nos permite refletir sobre as demandas desiguais do universo profissional no que diz respeito às construções de gênero. É nisto que nos aprofundamos: por que os ambientes profissionais são sistematicamente hostis às mulheres e como essa hierarquia social baseada nos papéis de gênero foi — e segue sendo — naturalizada.

Olhando o mundo ao nosso redor, sabemos que mudanças profundas precisam acontecer, e para nós a moda é um excelente ponto de partida. Afinal, ela corporifica e nos permite elaborar criticamente sobre estruturas que muitas vezes permanecem invisíveis. Falar sobre roupa e discutir a moda é talvez um dos caminhos mais promissores para a desconstrução de supostas verdades que nos tolhem e nos limitam, e também para a construção de novas relações e práticas no mundo do trabalho. Criticar e transformar a moda a partir de discussões sobre mulheres e nossas roupas de trabalho é um exercício que combina teoria e prática para a transformação efetiva do nosso dia a dia. Esperamos, com isso, que pensar sobre o que vestimos leve ao questionamento de outras estruturas de poder.

Partimos do pressuposto de que não existe — nem jamais existirá — uma fórmula pronta, um look *one size fits all* para o trabalho. Afinal, se não há uma única representação da categoria "mulher", como poderia haver apenas uma solução que desse conta de todas nós? Se buscamos resolver problemas estruturais, precisamos pensar em transformações que sejam igualmente profundas e sistêmicas. Questionar as estruturas que atuam de maneira tão impositiva com relação ao que devemos ou não vestir para ir trabalhar é um caminho pra tentar subvertê-las, encarando as roupas como uma forma de abarcar nossas individualidades e também de nos conectar com a coletividade. Só assim poderemos nos divertir mais com os looks e nos preocupar menos em nos espremer para caber neles.

UM PROBLEMA GIGANTESCO CHAMADO INDÚSTRIA DA MODA

Seria irresponsável da nossa parte não mencionar quão problemático é o modo como a roupa é produzida, distribuída e vendida. Ao firmar-se no mercado pela eterna busca de novidades e da próxima tendência, essa indústria, que estimula o hiperconsumo, só passou a existir de fato quando chegou às massas, mas deixou de ser relevante justamente no momento em que se tornou popular. Isso porque, durante séculos, a moda foi sinônimo de novidade e de uma eterna vontade de segregar classes.

Parece ser regra que roupas sejam feitas por trabalhadores em situação precária, cujos salários correspondem a literalmente um milésimo da riqueza que produzem, ou até menos. Ainda é frequente que marcas sejam expostas por usarem trabalho análogo ao escravo. Se a exploração é uma realidade padrão do sistema capitalista, essa faceta ganha dimensões dramáticas nas atividades industriais que fazem parte do mundo da moda, desde a indústria têxtil até as confecções. Além disso, o setor também é um dos mais poluentes do mundo, atrás apenas da produção de combustíveis e de seus resíduos comercializáveis.

E a máxima "comprar roupa com mais qualidade, feita para durar" também não parece ser uma solução sustentável. Como bem elaborou Marina Colerato, importante voz no jornalismo de moda, o problema dessa indústria está primordialmente na *quantidade* de roupa produzida. A resposta à crise ambiental não pode ser classista, culpabilizando quem está no elo mais fraco da corrente capitalista: pessoas de baixa renda que compram, sim, roupas mais baratas, menos duráveis e sem o "selo verde". Segundo Colerato, o movimento da moda sustentável tende a, mesmo que de forma indireta, responsabilizar as pessoas pobres ou de classe média por seu consumo desenfreado e de "baixa qualidade". Dificilmente, contudo, essa mesma crítica se estende às classes altas e seu consumo supérfluo e extravagante, tanto em quantidade como em valor.

Essa reflexão, aliás, precisa ser feita não apenas com relação ao que vestimos, mas também ao que comemos, à forma como nos locomovemos, ao tipo de cultura que priorizamos e, de modo geral, a tudo aquilo que consumimos, desde os cosméticos e produtos de limpeza aos gadgets de última geração. É preciso considerar que o sistema capitalista depende da constante expansão do consumo para manter-se de pé. Jamais esqueceremos o primeiro discurso oficial de George W. Bush após os ataques terroristas às torres gêmeas em 11 de setembro de 2001, quando exultou o povo americano a fazer o que considerava mais importante para a recuperação do país: ir às compras! Nem diante da maior tragédia da história recente dos Estados Unidos o capitalismo podia parar.

Não podemos, portanto, seguir o caminho mais simplista de condenar o consumo individual sem antes questionar estruturalmente o hiperconsumo, a exploração do trabalho e o uso predatório do meio ambiente, sob o risco de colocarmos todo o movimento pela sustentabilidade em um beco sem saída. Ainda que várias "marcas verdes" com preços justos passem a existir, nosso planeta continuará em chamas. Nossa sugestão é que você se atualize sobre esses temas no aplicativo Moda Livre, na plataforma Modefica e em perfis do Instagram como os de André Carvalhal (@carvalhando) e Giovanna Nader (@giovannanader). Há também alguns documentários interessantes sobre o tema, dentre os quais se destacam a produção francesa *The True Cost* e o já clássico *A história das coisas*, disponível no YouTube.

Temos a convicção de que nossos sonhos relacionados à transformação profunda da condição das mulheres não cabem na sociedade em que vivemos, e não somos ingênuas a ponto de acreditar que seria possível "inserir" todas as mulheres no mercado tal qual ele existe hoje. Um mundo um pouco mais confortável e superficialmente mais justo para algumas mulheres da elite não é um mundo melhor para as mulheres; bem como um mercado de trabalho com mais paridade de gênero que permaneça explorando os trabalhadores e acumulando lucros obscenos pagando-lhes salários miseráveis não é um mercado de trabalho mais feminista. *Mulher, roupa, trabalho* se alicerça sobre esses pressupostos, mas não será possível desenvolvê-los aqui com a profundidade que os temas exigem, pois temos outros terrenos para desbravar. Por isso, no fim do livro, organizamos uma seção com sugestões bibliográficas para quem quiser se aprofundar nas discussões. Queremos também continuar o papo para além destas páginas e encontrar nossas leitoras e nossos leitores em espaços, virtuais ou presenciais, quando possível, onde consigamos compartilhar todas essas provocações.

Este é, em essência, um trabalho em construção, que não se encerra aqui. Nosso grande objetivo é começar uma conversa que não vemos acontecer com tanta frequência quanto gostaríamos. Uma parcela significativa do mundo da moda segue apenas reproduzindo as mesmas estruturas, por mais problemáticas que sejam, como se descoladas de um contexto histórico, social, político e cultural. Ao mesmo tempo, quase todo o campo político ignora ou ataca a moda, tratando-a como uma instância menos importante ou até mesmo desprezível, como se pessoas politizadas estivessem acima das roupas, da moda e desse tipo de comunicação. Ambas as posturas, para nós, são lamentáveis. Sabemos que as esferas da moda e da política têm muito o que aprender uma com a outra, e pretendemos construir essa ponte. Que este livro seja um ponto de partida, o início de uma reflexão que com certeza continuaremos a provocar por muito tempo, até que possamos viver no mundo que queremos, usando as roupas que fazem sentido.

1

MULHERES E MUNDO DO TRABALHO: COMO CHEGAMOS ATÉ AQUI

Trabalho é político. E por diversas razões. A começar pela maneira como decidimos o que será reconhecido como trabalho. Ir ao escritório e sentar em frente ao computador é trabalho. Vestir um macacão e tomar seu lugar na linha de montagem é trabalho. Produzir um ser humano dentro de você, parir, amamentar e garantir que ele sobreviva não é trabalho, é "vocação materna". Cuidar das pessoas ao redor de nós, acolhê-las quando precisam e oferecer apoio emocional para suportar um mundo cada vez mais difícil não é trabalho, é "manifestação da natureza feminina do cuidado". Cozinhar, limpar a casa e lavar a roupa não são trabalho, são "atividades domésticas" — que no máximo podem ser terceirizadas por algumas mulheres majoritariamente brancas para outras mulheres majoritariamente negras.

O chamado "mundo do trabalho" é também um verdadeiro campo minado de diferentes formas de exploração, controle e opressão. Diferenças salariais baseadas em raça e gênero, assédio sexual e moral, hierarquias arbitrárias de poder e constante ataque aos direitos trabalhistas são apenas alguns exemplos do que precisamos enfrentar diariamente para ocuparmos esse espaço. São raros os ambientes de trabalho capazes de subverter ou corrigir as falhas estruturais da nossa sociedade, sendo muito mais comum que funcionem como lugares de reprodução e reforço desses problemas. Sem contar a própria lógica de organização do trabalho em uma sociedade capitalista, em que a quase totalidade das pessoas ou trabalha para produzir lucro para seus chefes ou é autônoma, precarizada, ou ainda informal, sem acesso aos direitos mais básicos.

Nesse contexto marcado por questões profundas e graves, a discussão a respeito da roupa de trabalho da mulher pode parecer de menor importância ou até mesmo frívola. Mas não da forma como nos propomos a fazê-la aqui. Pelo contrário, nesse emaranhado de problemas chamado mundo do trabalho, a escolha por começar puxando justamente o fio da roupa de trabalho nos parece promissora. Trata-se de uma discussão reveladora não apenas porque apresenta uma perspectiva que põe em evidência questões estruturais que precisam ser transformadas, mas também porque oferece instrumentos eficazes para desestabilizar tais estruturas. Ao falarmos sobre o assunto, conseguimos organizar uma crítica consistente e de fôlego sobre o mundo do trabalho e, de quebra, ainda vislumbramos algumas possibilidades de resistência.

Para que o debate tenha a profundidade necessária, é preciso fazer um breve *detour* histórico. Tanto a maneira como organizamos a produção e o consumo quanto as principais características daquilo que convencionamos chamar de mercado de trabalho nem sempre foram iguais às que identificamos hoje. O mundo do trabalho tal qual o conhecemos é fruto de um processo histórico identificável no tempo e no espaço, e é justamente a compreensão desse processo que possibilita expor os pilares que sustentam os arranjos atuais. Para entendermos como chegamos até aqui, portanto, voltaremos alguns séculos, para o início do período que se convencionou chamar Modernidade — momento a partir do qual inclusive é possível chamar a moda de "moda" e não mais de vestuário. (Pedimos desculpas pela digressão, mas avisamos desde o início que iríamos às raízes das questões — e não dá para encontrar raízes sem escavá-las pelo menos um pouco. Prometemos que vai valer a pena.)

NEM TODO HOMEM, NEM TODA MULHER

Um dos lemas mais conhecidos da segunda onda do feminismo diz que "o pessoal é político". Concordamos em especial com a historiadora feminista Elizabeth Fox-Genovese, que completou o adágio com "mas não político o suficiente". Ao afirmar isso, chamou a atenção para o fato de que não é porque uma mulher vivencia algo que considera relevante a partir de uma perspectiva pessoal que essa experiência também será *politicamente* relevante. Politizar as experiências pessoais, mobilizar as marcas do corpo para a ação e elaborar criticamente as conexões entre o individual e o coletivo, entre o íntimo e o social, estão entre as tarefas mais importantes para as mulheres que querem ver mudanças profundas. O pessoal é político desde que a gente faça um bom trabalho ao politizá-lo, e politizar o pessoal significa compreender se, como e em que medida nossas experiências individuais são reflexos de estruturas de opressão mais amplas, que existem para além das nossas relações pessoais. Nem sempre é o caso — às vezes, uma experiência pessoal, boa ou ruim, se explica por fatores mais restritos ou localizados.

Por essa razão, ao discutir questões estruturais, sempre traremos exemplos concretos, com os quais você talvez não se identifique. Por exemplo, pode ser que você nunca tenha sofrido assédio no trabalho; pode ser que você seja casada com o melhor homem que já caminhou pela Terra, que faz todo o trabalho doméstico e emocional e ainda lhe proporciona uns bons orgasmos ao fim de cada dia; pode ser que a sua experiência com a maternidade tenha sido um mar de rosas; pode ser até que você seja um homem muito consciente de seus privilégios e vigilante de suas práticas diárias para não colaborar com o reforço das estruturas de dominação masculina. Todas essas coisas podem acontecer. Mas, ainda que aconteçam, não são a regra e não invalidam os argumentos que trazemos aqui. Bons e sólidos contra-argumentos são sempre bem-vindos, mas "nem todo homem, nem toda mulher", por aqui nessas bandas, não é contra-argumento que se sustente de pé.

O que está em pauta são estruturas de opressão e sistemas de reprodução de privilégios — que podem, sim, afetar nossas experiências individuais, mas que não necessariamente o fazem. Como pontuou a grande historiadora feminista Joan Scott, não podemos prescindir da experiência, mas devemos recusar veementemente o seu uso para essencializar a identidade e ratificar o sujeito individual.

No âmbito das roupas, há certa tentação de se manter o foco individualista em escolhas, gostos e atitudes pessoais. Entendemos, contudo, que todo indivíduo é fruto de um contexto histórico, político, cultural e social — afinal, não somos cogumelos que um dia brotaram na terra, como na alegoria que Thomas Hobbes uma vez usou para tentar explicar a sociedade.

E vale ainda uma última ressalva: da mesma forma que experiências individuais não invalidam situações de estrutura, as críticas elaboradas ao longo do livro não buscam atacar indivíduos e suas escolhas. Sabemos que as negociações do dia a dia são complexas e entendemos as tensões decorrentes de estarmos inseridas nessas estruturas que queremos mudar. Mas só mudaremos pela coletividade. É injusta e irreal a expectativa de que uma mulher sozinha mude o mundo e, justamente por isso, as cobranças individuais de comportamento devem ser aliviadas. Não estamos aqui para julgar ninguém, muito menos para criar novas normativas conformadoras de posturas. Já convivemos demais com isso por aí.

MODERNIDADE, TRABALHO E A INVENÇÃO DOS ESPAÇOS PÚBLICO E PRIVADO

Há intensas discussões na história sobre o início e o fim da Modernidade, seus marcos e características principais. Sem entrar nesse debate, para nós basta a noção de que o período compreende mais ou menos o início dos anos 1600 até o fim dos 1800 e de que testemunhou mudanças drásticas na cultura ocidental, consolidando os principais alicerces de nossas instituições contemporâneas. Além disso, trouxe ideias inéditas sobre a maneira como nos organizamos em sociedade: da política à cultura, do social ao econômico, da ciência à religião, a Modernidade veio carregada de novos arranjos conjunturais que começaram na Europa e foram impostos às suas colônias. A maioria das novidades institucionais existe até hoje, afetando e determinando os mais diversos aspectos de nossas vidas.

Foi nesse período, por exemplo, que a ideia de método científico para a investigação da realidade deslocou a primazia das explicações religiosas e passou a organizar o conhecimento em categorias distintas e predeterminadas. Foi também durante a Modernidade que o surgimento do protestantismo colocou em xeque a hegemonia católica e reforçou a noção de autonomia do indivíduo ao possibilitar, em outras matrizes institucionais, o contato direto com Deus, sem a necessidade de mediação de padres ou outras autoridades eclesiásticas. Ainda nesse momento, houve a formação dos primeiros Estados nacionais, trazendo consigo discussões sobre a legitimidade dos governantes e dos regimes políticos. Nos novos lares burgueses, o formato da família nuclear heterossexual se consolidou, enclausurando a mulher dentro de casa para cuidar dos filhos, ao mesmo tempo que liberou o homem de quaisquer obrigações domésticas para que pudesse se concentrar em sua vida pública. Durante a Modernidade, a noção de raça foi inventada e de imediato instrumentalizada, criando hierarquias sociais baseadas em critérios fenotípicos estabelecidos de acordo com o interesse dos colonizadores.

Dentre todos os novos arranjos da Modernidade, contudo, um deles é sobretudo relevante para entendermos o mundo do trabalho: a transição do feudalismo para o capitalismo. Em linhas bastante gerais, o novo sistema que surgia concomitantemente aos Estados nacionais pode ser caracterizado pelo favorecimento da atividade industrial em relação à atividade agrária, pela distribuição de bens e consumos por meio de um mercado em tese livre da interferência do Estado, e pela privatização da produção de riqueza, que autorizou o estabelecimento de um regime de apropriação de lucros por meio do trabalho assalariado. Essas novidades acabaram por deslocar os camponeses — que até então compunham a maioria dos trabalhadores — para as primeiras cidades que se formavam, o que alterou drasticamente as relações de trabalho. Quem antes vivia do plantio e arrendava um pedaço de terra do senhor feudal pagando-lhe uma porcentagem de sua produção foi expulso do campo pela pressão fundiária decorrente do novo regime de propriedade privada. O camponês passou a ser um trabalhador assalariado nas primeiras fábricas das novas cidades emergentes.

Todo esse processo de transição entre um sistema e outro formou uma classe social inédita, a burguesia, que logo se consolidou como elite econômica, aproveitando os novos arranjos produtivos para acumular capital e se posicionar de maneira mais vantajosa no mercado comercial e financeiro que então surgia. Rapidamente a burguesia se reivindicou também como uma classe política e se transformou na maior força de contestação dos privilégios aristocráticos. As tensões entre burgueses e nobres escalaram e se resolveram de maneiras distintas em diferentes Estados e colônias europeus, mas o resultado em todo o mundo ocidental foi a sua consolidação como a classe social mais relevante na política. De maneira geral, os burgueses foram os únicos capazes de instrumentalizar a seu favor as leis e o governo. Os nobres e os senhores feudais que antes se sustentavam pela coleta de aluguéis e de impostos do conforto de seus palácios foram então destronados pelos donos de fábrica, os senhores da manufatura e os comerciantes prósperos, que passaram a obter lucros do trabalho assalariado do conforto de seus gabinetes.

Ao longo desses três séculos que chamamos de Modernidade, conforme os camponeses migraram para as cidades e o poder político da aristocracia foi sendo tomado pela burguesia, as noções de espaço público e privado — e o que designamos para cada um eles — também sofreram transformações radicais. Famílias ou grupos organizados afetivamente que antes passavam o dia juntos trabalhando em um pedaço de terra se viram inseridos em uma nova rotina, que trazia uma separação mais demarcada entre a casa e o trabalho — ou seja, entre o espaço de trabalho doméstico e o espaço de trabalho remunerado. No capitalismo, o trabalhador assalariado se relaciona com sua atividade laboral de maneira completamente distinta da do camponês que vivia sob o feudalismo: existe uma separação física entre seu trabalho e suas relações de afeto. Nada do que ele produz fica para ele. Na maioria dos casos, inclusive, ele nem sequer vê o resultado final do seu esforço. Depois de trabalhar por determinado período, ele recebe um salário, sempre o mesmo, e pode talvez, com sorte, comprar o que é necessário para o sustento das pessoas com quem compartilha o teto.

A separação progressiva entre a casa-espaço-privado e o trabalho-espaço-público se deu não apenas a partir da ruptura física entre os dois espaços, mas em especial por meio da atribuição de atividades distintas para cada um deles. Não se trata, contudo, de uma diferenciação neutra. Não estamos falando apenas de categorias definidas por questões territoriais. Cada um desses espaços cumpre funções específicas e é ocupado de maneiras distintas. A casa passa a ser o local reservado à família, às relações de afeto e às atividades necessárias ao cuidado e à criação de seres humanos. Tudo isso adquire um caráter privado, algo que diz respeito apenas às pessoas que pertencem àquele ambiente. O mundo do trabalho ganha identificação com atividades remuneradas e com a produção de bens e serviços. Trabalho passa a ser, por definição, algo que acontece no espaço público. Pouco interessa o que acontece dentro de casa — cada família que cuide disso e, de preferência, não traga possíveis questões para os espaços públicos.

Essa separação total entre público e privado, entre a casa e o trabalho, entre o doméstico e o social, deu tão certo que até hoje enfrentamos problemas decorrentes desse arranjo. O caso da violência doméstica é um dos exemplos mais didáticos. Por séculos, mulheres foram agredidas por seus maridos dentro de casa — não casos pontuais, com uma ou outra mulher, mas de forma sistêmica. Desde que pesquisas começaram a divulgar números sobre o tema, a estimativa feita por diversas agências, como o Center for Disease Control and Prevention (CDC) nos Estados Unidos, o Instituto Brasileiro de Geografia e Estatística (IBGE) e a ONU-Mulheres, é de que uma em cada quatro mulheres foi vítima de violência física por parte de seus maridos e companheiros. A violência doméstica é um problema que atinge pelo menos um quarto das mulheres no mundo, mas apenas na década de 1970 se começou a falar sobre isso. Antes, a expressão "violência doméstica" nem sequer existia. O problema era tão invisível que não tinha nem um nome para ele. O máximo que dizíamos era que "em briga de marido e mulher não se mete a colher". Só a partir do momento em que as mulheres passaram a ocupar de maneira mais massiva os espaços públicos é que se conseguiu discutir na esfera pública um problema que nos atinge estruturalmente.

De fato, uma das consequências mais cruéis da separação entre público e privado é tornar invisível para a sociedade tudo o que acontece dentro de casa. É por esse motivo que não se reconhece como trabalho toda a atividade desempenhada nos espaços que entendemos como privados. Se você paga por uma sessão com um psicólogo para lidar com suas angústias, chamamos isso de trabalho remunerado na forma de prestação de serviço. Se você chega em casa, cansada depois de um longo dia de trabalho e irritada com o seu chefe, querendo apenas sentar em frente à TV com um prato de comida quente e uma taça de vinho, mas suas expectativas são frustradas por seu filho pequeno, que precisa de carinho e apoio emocional porque está sendo atormentado por um colega da escola e não quer mais ir para à aula, chamamos seu cuidado de vocação materna. Apesar de ser, sem dúvida, um trabalho — de um tipo particularmente desafiador e desgastante —, ele permanece invisibilizado por completo.

À medida que a diferenciação entre público e privado se desenvolveu, também houve a progressiva caracterização de cada espaço a partir do critério de gênero. Conforme o espaço público se consolidava como aquele onde acontecia o trabalho assalariado, passou a ser, ao mesmo tempo, ocupado sobretudo pelos homens. Em paralelo, a criação dos filhos e as atividades de cuidado — uma tarefa bem mais coletiva, no contexto rural típico do feudalismo — aos poucos foram sendo atribuídas exclusivamente às mulheres, mais e mais confinadas ao lar e dependentes dos salários dos maridos. Ainda que em algumas famílias a renda dos homens não fosse suficiente para as despesas do lar, e as mulheres — na companhia das crianças, inclusive — precisassem exercer também alguma atividade remunerada, essa realidade não alterava a posição da mulher como a principal responsável pelo trabalho que acontecia dentro de casa, nem a posição do homem como o provedor material da família por meio de um trabalho assalariado.

Nada disso é por acaso. Apesar de a criação de um ser humano ser bem mais relevante para a sociedade do que, por exemplo, a criação de um portfólio de investimentos, o prestígio cultural e o reconhecimento por parte da sociedade de quem exerce cada uma dessas atividades é bastante distinto. Uma "dona de casa" não acessa os mesmos privilégios nem consegue consumir os mesmos bens e serviços que um gestor de fundos do mercado financeiro. Há uma hierarquia culturalmente estabelecida entre as atividades que acontecem dentro de casa e as que acontecem fora dela. E há também uma preferência social pelo gênero que ocupa cada um desses espaços.

Na verdade, assim como o dilema do ovo e da galinha, é difícil dizer o que veio primeiro: o trabalho feito no espaço público é mais valorizado que aquele exercido no privado porque é sobretudo masculino ou tornou-se um padrão masculino por ser mais valorizado socialmente? Em outras palavras, os homens instrumentalizaram o seu privilégio para colonizar o mundo do trabalho considerado produtivo e assalariado porque esse era um espaço de maior prestígio social ou o mundo do trabalho produtivo assalariado se tornou um espaço de maior prestígio social porque se apropriou do privilégio daqueles que passaram a ocupá-lo como um todo? Ao mesmo tempo, o trabalho exercido em casa é desvalorizado porque é feito em sua maioria por mulheres ou as mulheres acabaram responsáveis pelo trabalho doméstico porque ele é desvalorizado? Perguntas como essas mobilizam uma série de discussões entre as diversas vertentes do feminismo. Nós voltaremos a elas no capítulo 4, na discussão sobre maternidade e trabalho reprodutivo.

> ### CENAS CHOCANTES DE MULHERES TRABALHADORAS AMAMENTANDO
>
> Toda essa discussão pode parecer muito abstrata, mas não é. Quer ver um exemplo bem ilustrativo? Há alguns anos, começamos a ver, pela primeira vez, a discussão sobre amamentação no local de trabalho: parlamentares nas sessões em suas respectivas casas legislativas; ministras em meio a encontros com lideranças; CEOs em reuniões do board; modelos em sessões de fotos e personalidades públicas em palestras e eventos. A amamentação sempre existiu e foi priorizada, tanto quanto possível, pela maioria das mulheres que dão à luz um bebê. Trata-se de uma atividade fundamental especialmente nos primeiros meses de vida de uma criança. No entanto, em muitos países o tempo de licença-maternidade é menor do que os seis meses de aleitamento exclusivo recomendados pela Organização Mundial da Saúde (OMS). Isso significa que uma mãe trabalhadora nem sequer tem a escolha de seguir a recomendação da OMS; ela precisa conseguir conciliar a logística da amamentação com a rotina de trabalho.
>
> Trazer para o centro da discussão do mercado de trabalho essa atividade básica para a vida de qualquer ser humano causa choque e estranheza. Na maioria dos países onde a discussão aconteceu,

> o maior avanço institucional até o momento foi obrigar que as empresas disponibilizem um espaço seguro e confortável para que mulheres deem de mamar a seus filhos ou tirem leite do peito. Em alguns estados brasileiros, conquistamos (no século XXI!) o direito de não sermos expulsas de estabelecimentos comerciais por amamentarmos um bebê ou uma criança. Toda vez que um tema tido como privado é publicizado — como é o caso da amamentação no mundo do trabalho —, somos recebidas com resistência.
>
> Esse tipo de provocação, porém, é fundamental para que se desestabilize e supere, por fim, a divisão artificial e arbitrária entre o público e o privado, o visível e o invisível, o masculino e o feminino. Quantos manuais de moda, por exemplo, se preocupam em discutir roupas de trabalho que funcionem com sutiãs de amamentação ou que sejam práticas para as mulheres que literalmente carregam no peito a comida de seus filhos? Que discorrem sobre os tecidos que resistem a um possível vazamento de leite ou sobre quais modelagens facilitam o acesso ao peito quando a mamada precisa acontecer durante uma reunião, no meio de uma apresentação ou enquanto se faz um discurso em plenário? Não podemos continuar a falar sobre moda sem pensar sobre essas questões.

Foi nesse caldo de transformações sociais que o mundo do trabalho tal qual o conhecemos se fundou. Desde então, é evidente que muita coisa mudou, mas as raízes profundas fincadas durante a Modernidade permanecem como suporte a diversas práticas. Não é apenas força de expressão quando dissemos que nós, mulheres, fomos historicamente excluídas do mercado de trabalho formal. E não só: a diferenciação entre mundo doméstico e corporativo também inaugura uma nova camada das assimetrias de gênero, uma vez que as esferas passaram a ser identificadas cada uma com um gênero específico.

Temos, portanto, séculos de exclusão para rever e superar. A boa notícia é que acreditamos que a roupa pode nos auxiliar a renegociar essas separações entre público e privado. Não à toa, quando o lockdown foi imposto na maioria dos países em 2020 em função da pandemia de covid-19, a roupa se tornou um tema central nas discussões sobre adaptação à nova rotina. Quando a casa e o trabalho se juntaram no mesmo espaço físico, ficamos confusas a respeito do que usar e de quais roupas fariam sentido para aquele novo arranjo. Muitas de nós perceberam que não tinham roupas confortáveis o suficiente para ficar em casa e participar remotamente de reuniões profissionais. As roupas que em geral usávamos para ir ao trabalho se mostraram pouquíssimos práticas para o cumprimento das tarefas domésticas e de cuidado. No capítulo 4, "Mãe com estilo e estilo de mãe", nos aprofundaremos na discussão sobre como a experiência do lockdown foi reveladora para os casais heterossexuais, em especial aqueles que têm filhos. Afinal, diversas renegociações precisam ser feitas quando os espaços público e privado disputam território.

RACISMO, MODERNIDADE E TRABALHO

A construção das configurações atuais do que chamamos de mundo do trabalho não é idêntica para todas as mulheres. Conforme as diferenciações dos espaços público e privado foram sendo organizadas de acordo com o gênero, desenvolveu-se concomitantemente outro processo de extrema relevância para entender nosso modelo atual: a invenção da ideia de raça e o estabelecimento de hierarquias sociais baseadas nesse critério. A convergência dos dois processos produziu um mundo de trabalho profundamente distinto para as mulheres brancas e as mulheres negras, latinas, indígenas e asiáticas.

Não podemos, portanto, falar sobre gênero sem falar sobre raça, sob o risco de repetirmos o erro de algumas de nossas antecessoras feministas. Isso porque a partir dos anos 1960, quando o feminismo ganhou relevância no meio acadêmico e nos movimentos políticos, algumas autoras começaram a discutir a "luta das mulheres" presumindo uma experiência homogênea. O problema é que esse é um pressuposto de universalidade artificial e autoritária, pois está repleto de elementos que dizem respeito exclusivamente às mulheres brancas das classes médias e altas.

Foi o caso da estadunidense Betty Friedan, ativista política da luta pelos direitos das mulheres. Em 1963, publicou o livro-manifesto *Mística feminina*, que tentava descrever o que ela chamava de "problema que não tem nome", algo supostamente compartilhado por todas as mulheres. Dentre as diversas queixas listadas por Friedan, que era branca, está o confinamento da mulher à vida doméstica e à condição degradante de dependência financeira do marido. Friedan queria nos libertar da posição subalterna de "dona-do-lar--mãe-de-família" e chamava a atenção para uma voz que ela supunha ser ouvida por todas as mulheres, conclamando-as a querer algo mais além do marido, dos filhos e da casa. Esse "algo mais" era definido por Friedan como uma vida profissional robusta e oportunidades de se ter uma carreira.

Há, no entanto, várias críticas ao livro, e talvez a mais contundente tenha sido a da intelectual negra estadunidense bell hooks, que acusou Friedan de ter simplesmente ignorado a existência das mulheres não brancas e pobres. Ao fazer essa ressalva, hooks não quis invalidar o sofrimento da mulher "dona-do-lar-mãe-de-família", mas desejou apontar para o fato de que aquele "problema que não tem nome" não era uma condição universal a todas as mulheres. Mais uma vez: não se trata de questionar a legitimidade da crítica que apontava a imposição da vida doméstica como uma forma de opressão às mulheres. O ponto principal de hooks era a obviedade de que a condição descrita por Friedan não era aplicável a todas as mulheres.

De fato, os apontamentos de Friedan eram pertinentes somente às mulheres brancas das classes médias e altas, em sua maioria com educação universitária. As mulheres negras, por exemplo, sempre trabalharam, em todos os países do continente americano, desde o início das primeiras colônias, sob o regime escravocrata. Para as mulheres pobres e as mães solo, ficar em casa para cuidar dos filhos jamais foi uma opção. Friedan em nenhum momento discute questões como quem assumiria os trabalhos domésticos para que essas donas de casa pudessem disputar o mercado de trabalho com seus pares masculinos. Ao tratar uma questão particular às mulheres brancas da elite como algo universal, segundo hooks, Friedan não só demonstra insensibilidade narcísica, mas também uma violência epistemológica que simplesmente apaga a existência de outras mulheres.

Na época da publicação de *Mística feminina*, mais de um terço das mulheres já fazia parte do que formalmente chamamos de força de trabalho nos Estados Unidos, ocupando posições e faixas salariais inferiores às dos homens. Até hoje, o *gap* salarial entre homens e mulheres persiste, e a representatividade masculina em posições de chefia segue muito bem estabelecida. De acordo com uma pesquisa de 2019 conduzida pelo Institute for Women's Policy Research, nos Estados Unidos, para cada um dólar de salário recebido por um homem branco, uma mulher branca que exerça o mesmo trabalho recebe 79 centavos, e uma mulher negra, 62 centavos. Via de regra, indicadores sociais relativos ao mundo do trabalho apresentam, como padrão, homens brancos no topo das melhores posições e mulheres negras na base das mais precárias, enquanto mulheres brancas e homens negros se revezam nas posições intermediárias inferiores e superiores.

Mais uma vez, precisamos retornar aos primórdios do capitalismo, no início da Modernidade, a fim de entender as relações do racismo com o mundo do trabalho. Um dos mais importantes cânones dos estudos sobre capitalismo racial, o brilhante historiador político Cedric Robinson, descreveu em detalhes o processo histórico de desenvolvimento do sistema capitalista a partir da criação de critérios de raça como respaldo de hierarquias sociais. Ele explica que o sistema só conseguiu se firmar porque consolidou a ideia de que as pessoas poderiam ser classificadas em posições sociais superiores ou inferiores a depender da sua raça. De acordo com Robinson, as práticas econômicas necessárias à consolidação do capitalismo, em especial a abertura de novos mercados e a livre circulação de mercadorias, produziram mudanças sociais profundas na Europa — tão profundas que chegaram a ameaçar a viabilidade do sistema que emergia.

Parece um tanto abstrato, mas é tão concreto quanto o fato de que, no Brasil, pessoas negras compõem dois terços da população carcerária. A história que Robinson nos mostra é mais ou menos assim: imagine um trabalhador qualquer, que vamos chamar de Pierre, na Europa do século XVI. Pierre e sua família têm um moinho que produz farinha com a qual fazem pães. Com a quantidade de trigo que plantam e colhem, conseguem fazer dez pães por semana, dos quais três são para o consumo da família e os outros sete são trocados no mercado local por outros bens. As pessoas que frequentam o mercado são todas da mesma região que Pierre e sua família, e todo mundo fala a mesma língua, usa o mesmo tipo de roupa, reza para o mesmo deus, come a mesma comida, tem os mesmos hábitos e a mesma cor de pele.

Aos poucos, algumas mudanças importantes começam a acontecer. Inovações nas técnicas de plantio e o uso mais eficaz de energia no moinho permitem que Pierre e sua família passem a produzir farinha o suficiente para fazerem cem pães por semana. O mercado local, contudo, não tem demanda para noventa e sete pães extras. Para que Pierre consiga vender todos os pães que produz, precisa recorrer a mercados mais distantes, fazendo uso de rotas marítimas recém-descobertas. A abertura de novos mercados depende da circulação de mercadorias mais facilitada. O pão feito pela família de Pierre precisa viajar para outros locais. Mercadorias, entretanto, não conseguem viajar sozinhas, e os novos fluxos comerciais trazem consigo um intenso tráfego de pessoas — que, por sua vez, não falam a mesma língua que Pierre, não comem a mesma comida, não usam as mesmas roupas, não rezam para o mesmo deus, não têm os mesmos hábitos nem a mesma cor de pele que ele.

Robinson explica que as ansiedades geradas por aquela transição com mudanças tão profundas chegaram a abalar a viabilidade do sistema capitalista emergente. A sociedade, que se apresentava nos derradeiros momentos do feudalismo, estava ameaçada pela peste, pela escassez de alimentos, por diversos conflitos militares e por outros tantos fatores que pareciam colocar em xeque a existência das pessoas. As diferentes pessoas que começavam a circular no território europeu acabaram por representar todas essas mudanças, pois eram uma expressão concreta delas. Havia vários motivos para um trabalhador que passava do feudalismo para o capitalismo se sentir frustrado e inseguro com o futuro — as terras onde sempre trabalhou foram privatizadas, seu novo regime de remuneração em forma de salário poderia não ser suficiente para manter todos os membros da família alimentados, não havia nenhuma rede de proteção contra as intempéries —, mas projetar nos estrangeiros as responsabilidades por todos os males era mais fácil.

Foi nesse momento que surgiu a ideia de hierarquizar seres humanos de acordo com o critério artificial e arbitrário denominado raça. No mundo que começava a surgir, Pierre precisava lidar com uma série de novidades que pareciam ameaçar a sua vida tal e qual ele a conhecia. Com a introdução das hierarquias sociais, ele poderia neutralizar ao menos a ameaça mais concreta.

Ao fim e ao cabo, o racismo serviu à branquitude europeia como uma proteção narcísica contra as novas formas de precarização da vida que apareciam. Aliás, até hoje é assim. W. E. B. Du Bois, um dos mais importantes intelectuais e ativistas pelos direitos civis do século xx, chamou de "salário psicológico da branquitude" esse mecanismo pelo qual as hierarquias raciais são instrumentalizadas de modo a aplacar as pressões e angústias decorrentes da situação precária da classe trabalhadora. Funciona até hoje tal como funcionou nos primórdios capitalistas de invenção de hierarquias raciais: um trabalhador branco pode estar em uma situação péssima de vulnerabilidade e precarização, tendo de trabalhar muito todos os dias para ganhar pouco, mas pelo menos ele consegue se sentir reconfortado por não ser negro. O privilégio de raça compensa a opressão de classe, ou, nos termos de Du Bois, o salário psicológico da branquitude compensa os baixos salários do mundo do trabalho.

É evidente que a história de Pierre é uma simplificação até um pouco vulgar de tramas complexas que se desenvolveram na Europa ao longo de pelo menos dois séculos, mas ela nos ajuda a entender a dimensão efetivamente estrutural de práticas racistas e a sua relevância para o funcionamento da sociedade. As ansiedades de Pierre são típicas de qualquer um que viva em um sistema sustentado por valores como competição e individualismo, que até hoje se fazem presentes de diversas formas. Isso não significa, entretanto, que elas devem ser normalizadas ou aceitas, nem que devamos ser condescendentes com práticas racistas. Compreender o racismo como um dos pilares do capitalismo nos permite delinear os limites de iniciativas críticas que focam em apenas um ou outro.

Também é preciso considerar que o racismo na ciência e na filosofia modernas forneceu a justificativa ideológica para a escravidão e a colonização. Tanto a consolidação de práticas imperialistas proporcionadas pelo tráfico de pessoas escravizadas quanto a acumulação de riqueza fruto da exploração do trabalho escravo nas colônias forjam a própria substância do sistema capitalista. As ideias de livre mercado e de sujeitos iguais diante da lei foram, em verdade, sustentadas pelo trabalho forçado de seres humanos que nem sequer tinham status jurídico de pessoa. Só mesmo uma dose muito pesada de ideologia para sustentar contradições tão gritantes.

Com a escravidão, duas classes distintas de trabalhadores foram criadas. Enquanto alguns são trabalhadores formais remunerados em forma de salário, outros são escravizados e não remunerados. Os primeiros têm seu trabalho explorado por seus chefes por meio de uma relação contratual, os segundos têm seu trabalho expropriado por seus donos por meio da coerção e uso de força. Essa diferença na organização do trabalho no início do capitalismo foi fundamental ao sistema, pois permitiu que se reduzissem os custos de uma parte importante da produção.

A RESISTÊNCIA DAS MULHERES ESCRAVIZADAS NAS COLÔNIAS

Por muito tempo, as ciências sociais e biológicas nos Estados Unidos tentaram resolver um aparente mistério dos tempos coloniais: por que as mulheres escravizadas no país apresentavam uma taxa de fecundidade menor do que as mulheres estadunidenses brancas e livres. Vários pesquisadores se debruçaram sobre as possíveis explicações para o fato de que as mulheres negras que trabalhavam sob o regime coercitivo da escravidão tinham menos filhos do que as outras mulheres. Por muito tempo, em razão da herança profundamente liberal da academia estadunidense e de seu conhecimento míope que só conseguia entender o mundo a partir do indivíduo único, as razões foram buscadas em fatores biológicos dos corpos das mulheres, como limitações fisiológicas e deficiências hormonais.

Nas últimas décadas, sobretudo desde que mais mulheres negras passaram a ocupar os espaços da pesquisa acadêmica, somaram-se outras perspectivas para a análise dessa conjuntura das colônias. As pesquisadoras trouxeram para o centro da análise a atuação política das mulheres escravizadas. Sabemos que a tal "terra da liberdade" foi fundada à custa de trabalhadores escravizados, que nem sequer foram considerados seres humanos na Constituição do país — em 1787, os pais fundadores escreveram no documento constitutivo daquela nação emergente que negros e negras teriam o valor de três quintos de uma pessoa, e apenas para fins de alocação de representação proporcional no Congresso. O regime escravocrata impunha uma rotina de violências para viabilizar a exploração desenfreada do trabalho por meio de abusos físicos, sexuais e psicológicos.

Nesse contexto, muitas mulheres escravizadas se recusaram a procriar e a renovar a força de trabalho daquele regime brutal e desumano. Por meio do compartilhamento de saberes a respeito de métodos contraceptivos — em especial, o uso da raiz do algodão — e ervas abortivas, as mulheres escravizadas que viviam nas colônias dos Estados Uni-

> dos nos séculos XVIII e XIX escolheram uma possível estratégia de resistência, uma espécie de desobediência civil reprodutiva. Mais incrível que esse exemplo histórico é apenas o fato de que demorou tanto tempo para acadêmicos cogitarem a hipótese desse comportamento político das mulheres como explicação para um fenômeno que desestabilizou o regime escravocrata.

Até hoje, o mundo do trabalho é um espaço que produz e reproduz práticas racistas para se organizar e se manter. Se, por um lado, a divisão entre espaço público e privado consegue invisibilizar o trabalho doméstico e de cuidado para que esse conjunto de atividades permaneça sendo feito sem qualquer forma de remuneração, as hierarquias baseadas em raça acompanham e alimentam aquelas pertencentes ao mundo do trabalho. Dessa forma, em uma empresa qualquer, a representação racial na estrutura de cargos e salários muito provavelmente será um reflexo fidedigno das hierarquias baseadas em raça construídas mais de trezentos anos atrás: quanto mais perto do topo, mais branco, e quanto mais perto da base, mais negro.

Algumas pensadoras negras da atualidade, como Angela Davis e Sueli Carneiro, explicam que a exploração do trabalho das mulheres negras é particularmente opressiva pela combinação devastadora de racismo e machismo. A interseccionalidade como lente metodológica — proposta por Kimberlé Crenshaw e inicialmente desenvolvida no manifesto do coletivo negro feminista lésbico Combahee River — nos mostra que as particularidades da posição da mulher negra no mercado de trabalho não são apenas resultado da soma de racismo e machismo, mas a potencialização dessas duas formas de opressão.

Veja o caso, por exemplo, das trabalhadoras domésticas, uma profissão exercida majoritariamente por mulheres negras no Brasil. Nesse ambiente de trabalho, o machismo e o racismo se encontram. Ambos são estruturas da Modernidade que invisibilizaram o trabalho das mulheres e expropriaram o trabalho de pessoas negras, e se mostram firmes e fortes em nossos dias atuais. São exemplos de como essa forma de opressão se manifesta as violências e microagressões cotidianas cometidas pelos empregadores, a baixa remuneração das trabalhadoras, a falta de acesso sistemática a direitos trabalhistas, a precariedade das condições de trabalho, a exposição ao assédio sexual dos patrões e a desvalorização sistemática da profissão. A trabalhadora doméstica negra enfrenta em seu dia a dia a força dos mecanismos opressivos do racismo e da dominação masculina de uma maneira não experimentada nem por mulheres brancas nem por homens negros.

A TAL DA SUPERIORIDADE DOS HOMENS BRANCOS

Não bastaram a posição de privilégio no mercado de trabalho formal e o confinamento das mulheres ao espaço doméstico para consolidar a posição de superioridade do homem branco. Enquanto as novas configurações do capitalismo emergente liberavam os homens para ocupar livremente e com exclusividade o espaço público, outro processo também trabalhava para legitimar a posição de superioridade dos homens brancos com relação a todas as mulheres, aos homens negros e aos povos originários de fora da Europa. Referimo-nos aqui ao movimento intelectual que ficou conhecido como Iluminismo, ou a nova era do triunfo da razão.

Um dos marcos mais importantes da Modernidade, o Iluminismo foi responsável pela fabricação da ideia de razão como o elemento caracterizador da essência humana. Mas se você se lembra de ter estudado esse assunto no colégio sem que nada de muito suspeito chamasse a sua atenção, saiba que a culpa não é sua. As ideias iluministas nos foram vendidas como um grande avanço para a humanidade, que se libertava então dos dogmas da Igreja e conseguia por fim estudar e descobrir o mundo, com a possibilidade de que cada indivíduo exercesse sua própria razão. A capacidade de agir racionalmente nos foi apresentada como uma promessa de concretização da liberdade e da dignidade. Só depois nos mostraram as letrinhas miúdas desse novo contrato social.

Vamos ver como isso aconteceu. Repare que até hoje os homens brancos perdem as estribeiras assistindo a um jogo de futebol, arrumam briga com pessoas aleatórias na rua, esbravejam com seus funcionários, tentam agarrar em público mulheres que os rejeitam, mas nenhuma dessas atitudes abala a sua condição historicamente construída de sujeito racional. Nós é que somos as loucas, estressadas, bravas, destrambelhadas e instáveis. Os homens negros é que são violentos e irascíveis.

Mesmo diante de diversos contraexemplos individuais e de uma persistente história de demonstrações de irracionalidade em guerras e invasões, os homens brancos seguem usufruindo do privilégio de ser identificados como o gênero racional. As mulheres, por sua vez, podem cansar de oferecer exemplos individuais e sistêmicos de atitudes pautadas pelos padrões racionais, mas continuarão sendo o gênero da emoção. Na tradicional divisão entre razão e emoção, a parte que cabe a cada gênero está muito bem definida. As pessoas não brancas podem demonstrar o mais profundo conhecimento sobre determinado tema, que seguirão com sua capacidade intelectual sistematicamente posta em dúvida.

Foi por meio do Iluminismo que a dominação masculina até então reproduzida nas práticas cotidianas — repassada a cada geração de maneira mais difusa e descentralizada — ganhou status de verdade filosófica. Quando os homens europeus passaram a contestar o poder da Igreja e a reivindicar para si o poder político e social de governar e produzir conhecimento, fizeram-no pelo argumento da racionalidade. De acordo com ele, todos os homens são capazes de se instruir e de pensar por si mesmos, usando livremente seu discernimento. Eles também tomam para si as rédeas de seu próprio destino, individual e social, e escapam dos caprichos de déspotas e da Providência divina.

Há mais ou menos quinhentos anos, os homens europeus inventaram essa ideia e se colocaram como os únicos seres humanos capazes de agir racionalmente. Dois movimentos foram pensados nessa época. Primeiro, os homens europeus da Modernidade transformam a razão na principal força motriz do que entendiam como progresso civilizatório, separando-a de outros possíveis valores individuais, sociais ou culturais. As emoções, a construção coletiva, o cuidado, a intuição e as relações horizontais com a natureza passaram a ser deslocados da vida em sociedade para dar lugar a uma suposta capacidade individual de imprimir no mundo as vontades da razão. Em segundo lugar, houve um verdadeiro golpe ardiloso e organizado pelos homens europeus: deram a si — e somente a eles — a capacidade de agir racionalmente. As mulheres eram imaturas demais para ser dotadas de razão, e muito emotivas para ser confiáveis. As pessoas escravizadas ou que viviam nas colônias ou em outras terras fora da Europa eram selvagens e não civilizadas.

Por meio da ideia de racionalidade, a dominação masculina branca do Norte-Atlântico adquiriu portanto um status de evidência científica e verdade filosófica. O Iluminismo fabricou e consolidou a ideia de que todos os homens são dotados de uma capacidade racional inabalável e acessível a qualquer um disposto a ativá-la. O que não foi dito de maneira mais expressa — é verdade que muitos filósofos da época o disseram diretamente, mas nós preferimos tratá-los da mesma forma que em geral lidamos com o tio machista no churrasco, fingindo não os escutar — é que essa capacidade era apenas dos homens brancos europeus. Todo o resto — as mulheres, os homens negros, os indígenas, as pessoas não europeias nas colônias — precisava se conformar a uma posição de subalternidade intelectual e imaturidade do pensamento.

Ironicamente, o momento que trouxe, pela primeira vez, a ideia de uma humanidade universal a partir da ideia da razão construiu também essa suposta universalidade com gênero e raça definidos, deixando-a restrita portanto aos homens europeus brancos. A princípio, a promessa era de que qualquer ser humano seria capaz de fazer uso de suas capacidades racionais, mas aqueles que escreveram a teoria estavam longe de aceitar que todos os seres humanos eram iguais. Não por acaso, o racismo e o machismo se uniram nesse período e ganharam uma dimensão estrutural jamais vista, tão bem consolidada que segue firme até hoje.

CENTRO/PERIFERIA

Quando o homem europeu branco se colocou como a expressão máxima da racionalidade e, consequentemente, a vanguarda civilizatória do mundo, ele também se posicionou como o centro da humanidade, o marco zero do ser humano. Essa construção se ampliou e legitimou o posicionamento da Europa como centro do mundo — algo que se manifesta até no modelo básico de mapa-múndi que conhecemos. A principal consequência desse modelo é que a Europa e o europeu passaram a representar o padrão a partir do qual todo o resto é definido, a métrica de tudo o que existe e é produzido. É inaugurada, assim, a lógica de centro/periferia — ou seja, o espaço que é o início de tudo, a expressão máxima da civilização, e o restante que se define principalmente por não o ser. O centro é definido em si mesmo, enquanto a periferia é definida por não ser o centro.

Essa ideia tem sua origem na formação moderna da Europa, mas se reproduz em outras escalas. A lógica de centro/periferia se repete na relação entre continentes, países e até mesmo cidades e regiões. Somos treinados a hierarquizar expressões da nossa cultura de acordo com os espaços onde são produzidas — espaços esses que não são apenas definidos pela geografia, mas também por outros privilégios sociais. No contexto urbano, por exemplo, a periferia não é apenas uma região afastada espacialmente do centro da cidade, mas também o espaço marcado por um jeito de falar específico, por músicas, comidas e opções de lazer diferentes. No Brasil, aceitamos a figura do "nordestino", ao passo que o "sudestino" acredita ser o homem brasileiro médio.

O periférico também recebe nomes distintos. Falamos em "arte regional" quando nos referimos aos artistas fora do eixo hegemônico de produção da cultura. Adjetivamos como "clássico" o que vem do centro e marcamos com alguma especificidade o que vem da periferia. A música de um artista brasileiro sudestino, por exemplo, em especial daqueles artistas do eixo Rio-São Paulo, é frequentemente categorizada como MPB, folk ou rock, mas a música de um artista amazonense é classificada como "regional". O próprio fato de "regional" ser uma categoria classificatória já deveria nos causar estranheza, pois qualquer coisa sempre será produzida a partir de uma determinada região. Na moda, por exemplo, chamamos de exóticas as estampas que são típicas de regiões que não fazem parte do centro político do mundo e desvalorizamos estéticas que interpretamos como oriundas da periferia. Um xadrez tradicional na moda inglesa é uma estampa clássica, mas uma padronagem típica da Tanzânia é "étnica". E vale para a categoria "étnica" a mesma crítica feita à "regional": por que não falamos em etnia branca do norte Europeu? Dessa forma, somos treinados a ter um tipo de gosto que reproduz as estruturas de privilégio que buscamos combater.

Questionar a lógica centro/periferia, portanto, é um compromisso fundamental a quem se propõe a repensar a moda a partir de suas raízes políticas e a transformar a sociedade começando pela moda. Desnaturalizar o centro, que foi artificialmente construído como marco zero da cultura — seja ele a Europa em relação ao mundo, a metrópole em relação às colônias, o Norte-Atlântico em relação ao global, a região sudeste em relação ao Brasil, a favela em relação ao centro urbano —, exige refletir sobre como nos relacionamos com a moda produzida em cada um desses espaços.

Nessa distribuição de capacidades "racionais" baseadas no gênero e na raça, os homens brancos se estabeleceram como a expressão máxima da racionalidade e os únicos capazes de exercê-la plenamente. A construção artificial de razão cumpriu ainda um papel fundamental no suporte ideológico aos anseios colonizadores da Europa moderna. A ocupação de territórios nas Américas e na África foi consistentemente justificada como uma missão civilizatória. Bastiões do Iluminismo e do liberalismo, como Immanuel Kant e John Locke, reproduziram em seus tratados filosóficos a visão de superioridade intelectual do homem branco em relação aos homens nas colônias.

Cabe lembrar que um dos elementos definidores da razão moderna era também a capacidade de controlar o próprio corpo e as necessidades a ele relacionadas. A racionalidade de um homem seria, portanto, demonstrada pela sua suposta independência das demandas corporais, e o corpo, separado da razão, precisava ser constantemente governado pela tenacidade do pensamento.

Em seu notável livro *Pele negra, máscaras brancas*, Frantz Fanon estuda o processo de subjetivização do homem negro na colônia a partir da experiência da colonização, ou seja, busca compreender como a vida em uma colônia afeta a própria percepção de sujeito do negro. Usando o instrumental teórico do existencialismo e da psicanálise, e a partir de uma compreensão estrutural do racismo, Fanon elucida como o sujeito colonizado internaliza a violência do colonizador e corporifica a inferioridade em relação ao branco. Um aspecto importante desse processo é a redução do negro somente ao corpo físico, à sua dimensão natural, enquanto o branco ocupa o lugar da razão e da inteligência. O negro é definido pelo seu fenótipo e pelos seus atributos físicos e tem interditadas para si as promessas do exercício da razão. Assim, o jugo violento a que estiveram submetidos os homens não brancos nas colônias foi justamente a representação mais extrema da conquista da razão sobre o corpo.

Por meio do triunfo do juízo — masculino e branco —, as emoções e os sentimentos são feminizados e a subalternização intelectual é racializada. A estratégia foi tão bem-sucedida que até hoje os homens brancos a reproduzem: um exemplo disso é o senso comum perigoso de que as roupas consideradas mais sóbrias e profissionais, capazes de demonstrar competência e inteligência, são as que copiam o uniforme masculino no espaço público. As pessoas consideradas racionais acessam mais privilégios e são mais respeitadas do que as que são supostamente movidas pela emoção — em muitos ambientes profissionais, chorar durante uma reunião de trabalho representa um atestado de despreparo —, mas essa divisão se baseia muito mais em gênero e raça do que nas ações individuais.

O INABALÁVEL PATRIARCADO

Nessa grande viagem que estamos fazendo pelos processos histórico-políticos que criaram o mundo do trabalho e suas assimetrias de gênero, não poderíamos deixar de comentar o principal vilão das lutas feministas. Sim, ele mesmo: o patriarcado. No entanto, precisamos entender melhor o que esse termo significa, uma vez que ainda é bastante incompreendido e simplificado de maneira um pouco perigosa. Patriarcado não pode ser uma resposta direta para a origem de todos os problemas relacionados a gênero que temos na sociedade. Sem dúvida é um pilar essencial ao sustento da opressão estrutural das mulheres, mas não é o único.

Existe uma disputa teórica e política sobre a definição e a capacidade do termo de descrever corretamente o que pretende explicar. Se pegarmos a origem etimológica, a expressão vem do grego *patriárkhes* e significa literalmente "governo do pai". Então, de modo geral, usamos essa palavra para nos referir a um regime político-social nascido na Antiguidade greco-romana, apesar de não ser possível uma definição precisa sobre seu funcionamento ao longo daquele extenso período. Desse sentido deriva o uso político da expressão — que vem cada vez mais ganhando tração nos feminismos — para englobar distintos fenômenos, práticas sociais e estruturas de opressão.

Na academia, o termo foi largamente utilizado no início dos chamados *cultural studies*, ou estudos culturais, disciplina que surgiu nos anos 1970 a fim de desestabilizar categorias pretensamente neutras, as quais, na verdade, reproduziam privilégios de raça, classe e gênero. Nas últimas décadas, contudo, a utilização do conceito como categoria analítica vem diminuindo nos estudos científicos. Isso não significa que o termo não possa nem deva ser utilizado. É possível atribuir sentidos à expressão, ao mesmo tempo que a preenchemos com significados típicos dos conhecimentos feministas. O uso do termo também nos ajuda a articular problemas que parecem distintos e nos possibilita organizar estratégias comuns de luta.

Para avançarmos na conceituação do patriarcado, precisamos presumir que ele é uma espécie de mecanismo invisível que conecta uma miríade de práticas sociais e acontecimentos e que costura em uma mesma estrutura de opressão a experiência de várias mulheres. Ele se manifesta e se reproduz desde as trocas cotidianas e mais banais até eventos geopolíticos do mundo. Isso porque a opressão das mulheres é praticada de maneira multidimensional, desde o Estado até as relações interpessoais domésticas, sendo organizada em uma mesma estrutura.

Embora possa ser definido assim, precisamos compreender que "patriarcado" ainda é um conceito instável, mas o estamos empregando em razão de seu imenso potencial mobilizador. Há alguns outros termos e fenômenos que são muitas vezes usados como sinônimos de patriarcado ou como correlatos a ele — dominação masculina, machismo ou sexismo e assimetria de gênero são alguns exemplos. Mas, primeiro, vamos entender de onde veio e como funciona o tal patriarcado.

Conforme a origem etimológica do termo nos adiantou, ele é uma das instituições mais antigas e enraizadas em nossa sociedade. Organizado durante a Antiguidade clássica, foi resgatado e reinstitucionalizado na Modernidade, tornando-se um dos pilares fundamentais aos novos arranjos sociais e políticos de então. Gregos e romanos antigos organizavam a sociedade em núcleos familiares cujos chefes eram os homens da casa — o *pater familis*, ou pai de família. Essa posição proeminente dentro de casa se traduzia em prestígio social e acesso à vida política. Apesar da decadência do Império Romano e do encolhimento das cidades-estados gregas, a resiliência do patriarcado se mostrou mais forte do que todas as demais instituições políticas daquelas sociedades, inclusive a democracia.

O patriarcado se manteve latente durante os dez séculos seguintes, que corresponderam à Idade Média, quando os núcleos familiares começaram a ceder espaço ao poder centralizado da Igreja Católica, e as práticas de dominação masculina foram aos poucos apropriadas pelas autoridades eclesiásticas. Sabemos, por exemplo, que naquela época o testemunho em juízo de uma mulher valia bem menos do que o de um homem. Pelas regras da Igreja Católica, que detinha o poder de persecução criminal, era necessário que pelo menos duas mulheres dissessem a mesma coisa para que o depoimento fosse levado em consideração. Se um homem reportasse ou testemunhasse algo, contudo, bastava a sua palavra para que o depoimento fosse validado.

A Igreja Católica medieval tem muita responsabilidade pela subjugação das mulheres. Seus intelectuais construíram as primeiras universidades e as transformaram em espaços exclusivos para homens, sequestrando saberes tradicionais que até então eram trocados apenas entre mulheres. O parto, por exemplo, era uma tarefa exclusivamente feminina, mas nesse período, conforme essa apropriação se consolidou, passou a necessitar da presença de um homem. Por meio da Inquisição, diversas práticas relacionadas à saúde reprodutiva feminina foram criminalizadas, e os inquisidores católicos transformaram a caça às bruxas — à época, literal — em um dos instrumentos mais eficazes de extermínio de mulheres. Em *Malleus Maleficarum*, um manual célebre produzido por dois inquisidores em 1487, os capítulos dedicados à identificação de uma feiticeira mostravam mulheres que realizavam abortos, que sabiam manipular plantas que impediam a concepção, que realizavam partos sem a supervisão de um homem e que levavam homens à loucura com sua "vagina insaciável".

Esse último ponto, inclusive, está relacionado à outra contribuição da Igreja Católica ao jugo das mulheres, dessa vez protagonizada por Santo Agostinho. Até hoje considerado um dos pensadores cristãos mais importantes, Agostinho nos marcou com a letra escarlate ao transformar o pecado original em uma infração sexual. Sim, é isso mesmo: o pecado original nem sempre foi associado à sexualidade. Há uma gigantesca controvérsia a respeito da interpretação do trecho do Velho Testamento que trata da expulsão de Adão e Eva do Jardim do Éden. De fato, Deus parece ter ficado especialmente furioso com Eva, infligindo a ela castigos mais severos do que a Adão. Você sabia que as cólicas menstruais mensais e o fato de que "rastejamos de dor durante o parto" são punições que todas nós pagamos pela desobediência de Eva?

O intenso debate sobre o pecado original diz respeito ao que a maçã de fato representa. Aparentemente, a infame mordida na maçã nem sempre foi entendida como uma alegoria para o sexo. Até meados da Idade Média, o ato de desobediência de Adão e Eva era interpretado como o pecado da curiosidade e a vontade de saber coisas que não nos é permitido acessar. A tentação que Eva provocou em Adão teria muito mais a ver com aquisição de conhecimento do que com sexo, e foi apenas a partir das leituras de Agostinho que as mulheres começaram a ser colocadas nessa posição de criaturas perigosas, capazes de manipular os homens e até mesmo arruiná-los pela incitação do desejo carnal. A sexualização do pecado original, portanto, foi estrategicamente harmonizada com o projeto de poder político da Igreja Católica de então, o qual dependia da diminuição dos saberes femininos. Foi essa nova interpretação que forneceu a justificativa ideológica para a Inquisição, que, por sua vez, consolidou o domínio da Igreja Católica como o único poder centralizado da Europa. A tecnologia dessa instituição católica permitiu que as práticas persecutórias se concentrassem legitimamente na mão dos agentes eclesiásticos, transformando o poder da Igreja na primeira experiência de autoridade jurídica centralizada e atuante em todo o continente europeu.

Com o fim da Idade Média, chegamos, mais uma vez, à Modernidade. E se você acha que o patriarcado medieval, originariamente enraizado nas práticas da Antiguidade e resistente nas instituições cristãs, já era ruim e conseguia dificultar bastante a vida das mulheres, prepare-se para o que veio a partir do século xvii. Durante a Modernidade, o patriarcado foi incorporado em definitivo por todas as instituições formais e informais de poder, da casa ao trabalho, da escola à fábrica, da arte ao governo. O que antes era instrumentalizado estrategicamente pela Igreja para realizar suas pretensões de poder tornou-se um elemento fundamental, constitutivo dos novos arranjos sociais e institucionais que surgiam naquele período.

Sabemos que o resgate da cultura greco-romana como o marco fundador do Ocidente foi uma escolha arbitrária. Nossa "cultura" não começou na Grécia e em Roma, nem somos descendentes diretos das civilizações do Peloponeso. Essa narrativa foi estabelecida pelos pensadores europeus modernos, que escolheram este período como início da civilização ocidental porque acreditavam que combinaria melhor com a história que queriam contar naquele momento. Eles achavam que os filósofos gregos e os estadistas romanos harmonizavam melhor com os ideais de racionalidade e secularização das instituições políticas que tentavam fazer avançar.

O resultado foi o apagamento de quase mil anos de história, varridos para debaixo do manto da Idade Média, e a invisibilização de outras culturas relevantes à nossa formação de sociedade. Houve um momento na Modernidade em que a elite intelectual europeia, de maneira deliberada, tomou a decisão de construir artificialmente a antiguidade de Roma e Grécia como o marco zero da Europa. Nesse movimento de resgate dessas instituições, não apenas as formas de governo da *República* de Platão foram trazidas para o centro do debate político, como o tradicional patriarcado da Antiguidade também foi repaginado.

Carole Pateman, intelectual feminista e membro da British Academy, tem um dos estudos mais profundos sobre o que denomina contrato social fraterno, ou seja, o processo pelo qual o patriarcado foi absorvido pela teoria do contrato social e se institucionalizou na vida social e política da Modernidade europeia. É importante lembrar que a teoria do contrato social, representada por Thomas Hobbes, John Locke e Jean-Jacques Rousseau, foi a força propulsora das inovações modernas e até hoje é o corpo da literatura que tenta compreender as instituições contemporâneas. Por meio da teoria do contrato social, as mudanças sociais que vinham acontecendo foram organizadas e planejadas para a nova sociedade que emergia.

De acordo com os teóricos, os homens elaboram um contrato social porque precisam sair do estado de natureza, uma condição precária mais ou menos similar a um faroeste sem lei. Há motivos distintos para essa necessidade, de acordo com os diferentes filósofos contratualistas. Sem uma sociedade civil governada por leis fortes, Hobbes pensava que os homens matariam uns aos outros. Locke, por sua vez, temia que se os homens não cedessem um pouco de sua liberdade individual a um poder centralizado, não seria possível proteger a propriedade privada. Rousseau, por fim, acreditava que a organização de uma sociedade civil forte impedia a deterioração moral dos indivíduos. Por razões diferentes, portanto, os homens precisariam abandonar o estado de natureza e se organizar em uma sociedade, com regras e acordos para proteger seus interesses. E o que exatamente o patriarcado tem a ver com isso tudo?

Pateman nos explica que os intelectuais europeus na Modernidade separaram o poder político do poder familiar, rompendo nesse ponto a tradição do patriarcado na Antiguidade. Isso significou a perda da antiga correspondência direta entre o poder do pai de família e a capacidade de influência na política e na vida civil. Mas a história nos mostra que os homens brancos, até quando perdem, ao final ganham, não é mesmo? E como não poderia ser diferente, a perda do status político do poder familiar dos homens foi compensada por algo ainda mais vantajoso para eles: a submissão total das mulheres, tanto na esfera privada quanto na pública.

Isso acontece por meio da absorção do patriarcado pela teoria do contrato social. A moeda de troca para que os antigos pais de família aceitassem a nova configuração social foi a garantia de que a esfera pública, agora definitivamente separada da esfera privada, pertenceria apenas a eles, homens brancos. Já vimos aqui como os espaços público e privado foram divididos, mas é importante salientar que o contrato social não apenas exclui a mulher da sociedade civil e da política, do espaço público, como também a torna oposta a ele. A mulher passa a ser identificada com a natureza — incontrolável, imprevisível, selvagem e oposta à civilização —, e o seu controle se transforma na condição indispensável para o desenvolvimento da sociedade. Não é um acaso o fato de o corpo feminino ter sido tolhido, espremido, julgado e finalmente controlado por meio de peças como o espartilho.

Vejam que detalhe, no mínimo, curioso. Um dos grandes teóricos da ideia de soberania de Estado, o intelectual

Jean Bodin, era também um dos mais respeitados demonólogos da época. Demonólogo, o especialista em identificação de bruxas. É isso mesmo. Um dos homens responsáveis pelo desenvolvimento da teoria da soberania de Estado era também um proeminente estudioso das mulheres que, de acordo com ele próprio, copulavam com demônios. Bodin influenciou Hobbes em particular, que herdou dele a concepção de que é necessário que o Estado seja uma força civilizatória capaz de controlar a fúria da natureza e aplacar a força do selvagem. É tão presente a influência que Hobbes chega a dizer no *Leviatã* que não acredita na existência de bruxas — afinal, não poderia fazer concessões a possíveis porosidades entre o místico estado de natureza e o civilizado Estado —, mas que as mulheres que se comportam como tal devem, sim, ser punidas pelo mal que causam à confiança da sociedade no Estado. Isso quer dizer que se não performamos de maneira bem bonitinha nosso papel de senhoras da casa e mães recatadas, podemos nos assemelhar perigosamente às bruxas, capazes de ameaçar a força da autoridade política maior. O controle das mulheres, portanto, é a um só tempo uma forma de consolidar o poder dos homens e uma necessidade diante da ameaça que as mulheres lhes representam. A antiga ideia patriarcal de que a subjugação das mulheres tem base em sua natureza é institucionalizada pela teoria do contrato social, a qual consolida a afirmação de que os corpos das mulheres precisam ser governados pela razão dos homens.

FASHION LAW E OS PRIVILÉGIOS DA PROPRIEDADE PRIVADA

O mundo da moda, especialmente da alta-costura, permite que a gente veja bem de perto como funcionam os mecanismos reprodutores de privilégio da propriedade privada. Apesar de ser uma instituição básica da sociedade em que vivemos, ela nem sempre existiu. Surgida durante a Modernidade, com as primeiras iterações da teoria do valor, essa ideia de "ser dono" de algo, o direito de propriedade atribuído a um indivíduo específico, é uma construção social que mobilizou diversas discussões durante os séculos xvii e xviii e organizou importantes privilégios sociais.

Pensadores como John Locke, Adam Smith e David Ricardo — que tiveram profunda influência nas gerações de políticos e intelectuais que se seguiram às suas principais obras, publicadas respectivamente em 1689, 1776 e 1817 — desenvolveram importantes marcos teóricos para justificar a existência da propriedade privada, sempre conectada com a ideia de trabalho. De acordo com eles, de forma bastante resumida, a propriedade privada surge como instituição quando alguém coloca o trabalho em algo que se encontra na natureza. Uma árvore dá uma maçã, mas, a partir do momento em que você colhe esta maçã, exerce seu trabalho sobre ela e, então, torna-a sua. Quando colocamos nosso trabalho em algo, tornamos esse algo nossa propriedade, retirando-a do estado de natureza.

O direito, inclusive, surge como um conjunto sistematizado de leis a serem impostas por um poder centralizado justamente nesse momento, a fim de garantir a proteção da propriedade privada. Não é uma coincidência que John Locke tenha sido o primeiro pensador a desenvolver uma teoria do valor — essa ideia de que a quantidade de trabalho necessária é a medida de quanto algo vale — em conjunto com uma das primeiras teorias sobre poder punitivo. O direito do soberano de punir é justificado pelo seu dever de proteger o direito à propriedade privada de seus súditos. E até hoje boa parte do mundo jurídico existe basicamente para garantir a proteção da propriedade privada.

Nem sempre, contudo, esse direito é distribuído de maneira justa — e podemos ver bem de perto, no mundo da moda, como a estrutura jurídica para a proteção da propriedade privada acaba às vezes privilegiando aqueles que já acumulam muitos privilégios sociais. Não é mera contingência que mulheres e homens não brancos também tenham sido, ao longo da história, excluídos do acesso à propriedade privada, uma vez que, por muito tempo, seus próprios corpos foram considerados propriedade privada.

Se mais de trezentos anos atrás John Locke imaginou que a propriedade estaria diretamente relacionada ao trabalho, sabemos que isso nem de longe representa a realidade do mundo do trabalho assalariado em que vivemos hoje. Basta pensar sobre o trabalho que deve ser aplicado para a produção de uma peça de roupa: desde quem colhe o algodão para fazer tecido, até quem desenha o modelo, passando por quem de fato costura cada uma das peças. Dificilmente o valor final da peça será distribuído na mesma proporção que o trabalho realizado, concentrando-se de maneira desigual na marca ou no estilista, enquanto as costureiras receberão apenas uma parte infinitésima do valor final. O direito acaba protegendo com muito mais intensidade a propriedade intelectual da criação do que o trabalho de quem concretiza a ideia. Repensar essas estruturas e questionar a forma como o valor das roupas que usamos é calculado e distribuído também é uma tarefa importante.

A sociedade civil produzida por esse novo contrato social se autoproclama fruto de um acordo racional entre homens, que em tese produzem uma lei igual para todos e todas. As mulheres, contudo, consideradas por natureza inferiores aos homens e incapazes de atingir um intelecto tão avançado quanto o deles, são definitivamente excluídas da possibilidade de qualquer participação na esfera pública. As pessoas não brancas estavam distantes demais da ideia de civilização europeia para serem consideradas racionais. Ao fim da Modernidade, teremos, portanto, uma configuração social que separa o público do privado, invisibiliza o doméstico e franquia aos homens brancos acesso exclusivo à sociedade civil e à política. Tudo isso em nome de uma universalidade proclamada pelo Iluminismo que jamais chegou a ser concretizada. É o que veremos a seguir.

DESIGUAIS DESDE SEMPRE

A Modernidade foi um período revirado por três grandes revoluções: a Americana, em 1776, a Francesa, em 1789 e a Haitiana, em 1791, e o principal saldo ideológico desses processos talvez tenha sido o estabelecimento do liberalismo como a principal doutrina para organizar politicamente a sociedade e orientar suas hierarquias de valores. Apesar da confusão conceitual corrente que caracteriza, sem muito rigor teórico, como "liberais" as práticas relacionadas à liberdade, em sua origem o liberalismo se definia por algumas ideias básicas: proteção de direitos individuais acima dos interesses da coletividade, liberdade religiosa e laicidade do Estado, governo limitado e sem ingerência no mercado, redução da política à representação legislativa por meio de eleições periódicas, acomodação de interesses heterogêneos nas instituições formais de poder e separação entre aquilo que é formalmente legal daquilo que é substancialmente ético ou moral. Os ideais liberais aos poucos conquistaram os corações e as mentes dos intelectuais da época e ganharam força nas instituições que surgiam e nas novas práticas sociais emergentes.

A premissa central do liberalismo é a universalidade, ou seja, a noção de que existe algo imutável e homogêneo compartilhado por todos os seres humanos. Muitos foram os pensadores e cientistas sociais que tentaram encontrar um valor efetivamente universal. Dentre aqueles que acharam ter de fato encontrado algum, o máximo que conseguiram, contudo, foi reproduzir um dos tipos mais comuns de violência conceitual: a imposição da sua visão de mundo como verdade absoluta e válida nos quatro cantos do planeta. Apesar disso, seguimos falando dos seres humanos como se de fato compartilhássemos tudo em comum, como se a condição humana produzisse automaticamente uma igualdade ontológica entre nós. Para o cristianismo, somos iguais porque criados à imagem e semelhança de Deus. No direito — definido por muitos pensadores como a elaboração laicizada dos valores cristãos durante a Modernidade —, todos somos iguais porque a lei assim o determina. Se você parar para pensar, a expectativa de que a igualdade perante a lei crie efetivamente uma igualdade entre todas as pessoas é tão mágica quanto a capacidade de transformar água em vinho e multiplicar peixes.

E ainda que conseguíssemos encontrar valores de fato universais — liberdade, por exemplo, parece ser algo a que todos os seres humanos aspiram, embora tenha jeitos distintos de ser construída e de se manifestar —, sabemos hoje que a universalidade prometida pelos pensadores modernos não tinha quaisquer pretensões de ser aplicada a todos os seres humanos no mundo. No Haiti, por exemplo, quando as pessoas escravizadas sentiram soprar os ventos revolucionários de igualdade, liberdade e fraternidade, elas se engajaram na luta política para que aqueles ideais pudessem ser concretizados também do outro lado do Atlântico. E sabem o que aconteceu com eles? Foram brutalmente reprimidos pelos franceses, que conseguiram empunhar em uma mão a Declaração dos Direitos do Homem e do Cidadão enquanto usavam a outra para massacrar os haitianos.

A resposta sangrenta e brutal das metrópoles à Revolução Haitiana é o primeiro exemplo histórico do que acontece quando se tenta reivindicar um espaço não branco num mundo pautado pelo universalismo liberal. Diversos outros seriam vistos depois, também no Brasil, que foi o palco de várias revoltas de pessoas escravizadas, todas violentamente reprimidas. Hoje conseguimos ter a dimensão de que a universalidade proposta pelo liberalismo trata-se de uma abstração. Nós aceitamos a premissa formal de que somos todos iguais, mas sabemos que, na verdade, somos muito diferentes, acessamos privilégios profundamente assimétricos e somos socializados de maneira distinta a depender da nossa raça, do nosso gênero, da nossa classe social e do nosso corpo.

EPISTEMOLOGIA, HEGEL E AS ROUPAS

Esta reflexão é para quem acha que o assunto roupa é secundário no panteão dos saberes. De vez em quando, você talvez escute a palavra "epistemologia" e pode ser que não tenha muita certeza se entende bem o que quer dizer. Apesar de ser um termo bastante comum na academia, ele não é dos que têm maior circulação no dia a dia. O conceito de epistemologia pode nos ser bastante útil, especialmente quando falarmos de roupas a partir da perspectiva mediadora entre o individual e o social, entre a estética e a política. G. W. F. Hegel, inclusive, concorda com a gente. Um dos maiores filósofos do cânone também já refletiu sobre como a epistemologia e as roupas estão conectadas. Deixa a gente explicar um pouco sobre isso — prometemos que não será chato.

Tecnicamente, a epistemologia é uma parte específica da filosofia que estuda a maneira como produzimos, validamos e organizamos o conhecimento em uma sociedade. Quer dizer, epistemologia é a forma como nós entendemos o mundo, como procuramos interpretá-lo e o que fazemos com essas interpretações. Costumamos falar em epistemologia, portanto, para nos referir ao sistema de crenças de uma sociedade, à forma que as pessoas explicam os fenômenos ao seu redor e ao modo como produzem sentidos para eles. Epistemologias jamais são universais — elas têm especificidades temporais, sociais e culturais. Explicar a erupção de um vulcão como aquilo que explode em decorrência do acúmulo de gases expelidos pelo magma, ou como uma manifestação da mãe Terra que clama por atenção, ou ainda como a expressão do sofrimento e da fúria de Hefesto pela perda do amor de Afrodite são três maneiras bastante distintas de dar sentido a um mesmo evento, ou seja, são explicações decorrentes de epistemologias diferentes.

A Modernidade representou uma ruptura epistemológica com o mundo que existia antes, e Hegel usava justamente as roupas para explicar essa mudança. Em suas aulas de estética, o filósofo comparava as vestes soltas e drapeadas comuns na Grécia Antiga com as vestimentas estruturadas da Modernidade. Na Antiguidade, ele apontava, um tecido sem forma predeterminada, sem uma costura específica, caía sobre o corpo e tomava os seus contornos. Cada roupa, portanto, tinha um formato diferente, a depender do corpo sobre o qual estava. O indivíduo e seu corpo entravam assim em uma relação direta de construção mútua com a roupa, isto é, cada pessoa se comportava de maneira única e específica nos tecidos que a cobriam.

Mas essa ideia de que a roupa deveria seguir o desenho do corpo, e não o contrário, foi perdendo força ao longo da história. Na Modernidade, a partir do século XVI, Hegel notou que a relação entre indivíduo e roupa já não era mais a mesma. Vestidos estruturados, tecidos engomados e vestimentas em geral pouco maleáveis marcam um período em que a individualidade foi imposta como um padrão a ser cumprido. Pense na cena clássica de uma rainha sendo vestida por seus serviçais. O vestido dela está ali, já em pé e firme, na forma que ele sempre terá, independentemente de quem entre nele. O corpo da rainha apenas se encaixa àquela roupa com forma preestabelecida. Para Hegel, essa mudança profunda das vestes da Antiguidade para a Modernidade é bastante sintomática da formação da individualidade no período, já que as roupas passaram a funcionar como um espelho dos processos de subjetivação. E isso é muito relevante porque sem dúvida ainda vivemos sob os auspícios dos ideais filosóficos modernos. A partir da Modernidade, não há mais espaço para nos construirmos como indivíduos a partir das nossas próprias relações com o mundo, mas apenas por meio de tentativas de nos encaixar às formas previamente estabelecidas.

Se isso já não fosse frustrante o suficiente, somou-se ainda a todo o arranjo duro e inflexível a

> pretensão de universalidade dessas formas. Como a Modernidade também foi o período em que a Europa saiu por aí colonizando o restante do mundo, sua epistemologia pretensamente universal foi imposta com violência pelos quatro cantos do globo. Apresentando-se como a única forma possível de ver e compreender o mundo, os ideais modernos da metrópole acabaram por apagar outros sistemas de conhecimento produzidos fora da branquitude europeia. Por onde chegavam, os colonizadores traziam sua filosofia, sua religião, sua maneira de vestir, seus hábitos e seus ideais de civilização, e impunham tudo isso — frequentemente por meio de processos brutais e práticas escandalosas de tão violentas — a comunidades que não tinham nenhum interesse em substituir suas epistemologias por aquela europeia moderna. Isso se chama violência epistemológica, e até hoje resistimos à perpetuação dela. Toda vez que você pensar em uma calça jeans como a quintessência da universalidade das roupas, lembre-se que, para além das fronteiras colonizadas pelo Norte-Atlântico, há um mundo todo de sáris, chitons, dashikis, tangas e hanfus.

A igualdade garantida pela lei é uma formulação da ideologia liberal, que preferiu dar mais importância ao aspecto formal dessa igualdade do que ao seu aspecto material. Há quem diga, inclusive, que a intensa primazia dada à igualdade perante a lei, como se ela fosse um dos mais evidentes sinais de avanço civilizatório, funcionava precisamente para compensar um contexto social de desigualdades profundas. É suficiente lembrar aqui que muitos pensadores da época exaltavam a igualdade perante a lei e, com a mesma pena, defendiam a escravidão. Alguns, inclusive, se beneficiavam economicamente do tráfico de pessoas escravizadas, como era o caso de John Locke, que possuía ações da Royal African Company, a empresa estatal inglesa responsável pela administração das operações do país na costa africana ocidental. Lélia Gonzalez, uma das maiores filósofas brasileiras, ao explicar as especificidades da colonização ibérica na América afro-latina, destaca como portugueses e espanhóis exploraram deliberadamente a ideia de igualdade formal para sufocarem qualquer possibilidade de igualdade efetivamente material entre europeus, africanos e indígenas.

Podemos, contudo, escrever repetidas vezes na Constituição e nas demais leis do nosso país que todos os seres humanos nascem iguais, que ninguém pode ser discriminado por questões de gênero, raça ou classe social e que todos devem ter os mesmos direitos, mas é evidente que o problema de não sermos iguais permanece. Se diante da lei não podemos ser discriminadas, na vida real o somos com frequência. Vivemos em uma sociedade em que os privilégios são distribuídos de maneira assimétrica e sistêmica, a depender de uma série de condições que estão muito além do indivíduo.

A ideia formal de igualdade, que basta existir prescrita em lei, em um formato predeterminado e imutável, é o principal mecanismo pelo qual quem se beneficia do patriarcado e do racismo estrutural consegue justificar ideologicamente um mundo tão desigual como o que vivemos. Apesar de um leque amplo de direitos ditos universais e igualitários, nossas experiências de vida são marcadas por desigualdades que se reproduzem à revelia das prescrições legais. De acordo com a ideologia liberal, em teoria a dignidade deveria ser independente de raça e gênero, porque não há qualquer tipo de diferenciação possível entre indivíduos que são abstratamente iguais e universalmente homogêneos. O sujeito de direitos é, em outras palavras, uma ficção que só existe no fantástico mundo do "dever ser" jurídico. Ele expressa uma aspiração que todo mundo sabe ser inalcançável, mas na qual insistem que devemos seguir fingindo que acreditamos.

Para entender, portanto, tantas questões que enfrentamos no trabalho, nós, mulheres, precisamos desafiar a noção da igualdade perante a lei como o principal — às vezes, único — parâmetro organizador das relações trabalhistas. Isso significa que precisamos pensar em equidade e distribuição de privilégios para além das garantias formais que não representam mais que uma promessa abstrata e muitas vezes vazia. Enquanto nossa luta se resumir a objetivos de reconhecimento formal dos nossos direitos, continuaremos tentando ganhar pedaços de papel que dizem coisas importantes, mas que pouco fazem para transformar, de verdade, a nossa realidade.

O primeiro passo nesse sentido é parar de fingir que somos iguais aos homens apenas porque está escrito na Constituição, nas leis do país e em tantos tratados internacionais. Precisamos começar a expor as desigualdades materiais e entender os limites das possíveis conquistas da luta por direitos. Isso não significa, por óbvio, abdicar dessa frente de luta, mas assumir que, quando conquistamos um direito, ele é apenas o início da transformação da nossa realidade. As mudanças de verdade acontecem quando esses direitos são traduzidos em alterações concretas e materiais. Escapamos, assim, de uma das mais antigas armadilhas presentes na história das lutas das mulheres, que diversas vezes já se acomodou quando conseguiu um pedaço de papel que trazia escrito um direito muito importante, mas longe de se transformar em realidade.

Muitos são os exemplos de grandes lutadores que começaram se engajando na luta por direitos, para logo em seguida entender a timidez desse tipo de demanda. Na luta antirracista estadunidense, por exemplo, podemos citar Martin Luther King Jr. e Frederick Douglass. De vez em quando, esses dois gigantes são incluídos em listas de referências liberais, a partir de um viés que reduz as reivindicações deles a mera demanda por "igualdade perante a lei". Tanto Douglass quanto Luther King intensificaram seu engajamento nas lutas antirracistas e redobraram a aposta na radicalização da política em vez de em sua moderação justamente depois que a igualdade formal perante a lei já havia sido conquistada pelas lutas de suas gerações. Diante da evidência de que a tradução material das conquistas legais estava longe de ser garantida, ambos se dedicaram com afinco — Douglass depois das Emendas Constitucionais treze, quatorze e quinze, em 1865, e King depois da Lei dos Direitos Civis, em 1964 — a denunciar a ilusão liberal da igualdade perante a lei. Os dois foram intelectuais e ativistas que se radicalizaram conforme os avanços legais aconteciam, ao perceberem que suas lutas jamais caberiam em conquistas meramente formais.

Há muitos séculos o paradigma da igualdade formal e do indivíduo abstrato vem trabalhando para garantir o privilégio masculino branco. Quando a Declaração dos Direitos do Homem e do Cidadão foi promulgada na Revolução Francesa, parecia de fato que o documento pretendia incluir em suas diretrizes todos os seres humanos. Por um breve momento, até foi possível acreditar que os ideais humanistas dos revolucionários franceses queriam mesmo endereçar todas as pessoas, a despeito de ser homem ou mulher, europeu ou não. Rapidamente, contudo, ficou bastante evidente que esse ideário liberal, que hegemonizou a política progressista entre os séculos xviii e xix, tinha limites bastante concretos.

Já naquela época, intelectuais revolucionárias como Mary Wollstonecraft e Olympe de Gouges denunciaram em panfletos e livros a hipocrisia dos homens franceses insurgentes, que pregavam igualdade apenas para eles mesmos e excluíam as mulheres e os homens não brancos. Sabe aquela famosa foto da senhorinha carregando um cartaz em uma manifestação feminista que diz "Eu não acredito que ainda preciso protestar contra esta merda"? Pois é, protestamos contra essa hipocrisia das promessas iluministas liberais há pelos menos dois séculos e meio.

Tanto Wollstonecraft como Gouges defenderam, por exemplo, que a educação de meninos e meninas fosse pública, gratuita e igualitária. Wollstonecraft em especial bateu de frente com um dos principais nomes do Iluminismo da época, Jean-Jacques Rousseau. Até hoje celebrado por ter sido um dos mais fervorosos defensores da democracia liberal, Rousseau defendia que o poder deveria emanar do povo, desde que nesse povo não houvesse mulheres. Chegou até mesmo a criar um programa de educação que diferenciava meninos e meninas, pois achava que, desde a infância, cada gênero deveria ser educado para cumprir papéis sociais bem distintos.

Para Rousseau, bastião da democracia popular e liberal festejado por suas posições corajosas contra o autoritarismo monárquico, os meninos deveriam aprender ética, lógica, filosofia e política, enquanto as meninas treinariam suas habilidades de cuidado e paciência. Sabe aquelas "homenagens" — bem entre aspas, mesmo — que vemos por aí no Dia das Mães que exaltam "a natureza feminina" e agradecem as mães "por cuidarem tão bem de nós" e "se doarem pelos filhos"? Pois é, parecem vir diretamente dos escritos de Rousseau, e certamente o deixariam orgulhoso. Ele gastou páginas e páginas para exaltar a importância das mulheres na sociedade, pois, sem elas, quem criaria os filhos e ensinaria o amor às crianças? Valeu, Rousseau.

COM QUE ROUPA NÓS VAMOS PARA A REVOLUÇÃO?

Durante a Revolução Francesa, a calça comprida foi expressamente proibida para as mulheres. Os líderes da Revolução consideravam as roupas uma declaração de liberdade e expressão da individualidade, mas não incluíram as mulheres nessa universalidade emancipatória. A peça do vestuário que representava a liberdade e a igualdade ficou restrita aos homens. Até então, a moda de maneira geral era entendida apenas como um espaço para as elites aristocráticas ostentarem seu poder econômico. Com a insurgência revolucionária e a contestação da aristocracia, a moda foi reapropriada por jacobinos e girondinos como um campo promissor para a reconstrução das fronteiras sociais. As roupas estavam, naquela época, portanto, no centro das discussões políticas revolucionárias e ocupavam inclusive espaço proeminente no período em que as tensões escalaram na iminência da tomada da Bastilha.

De acordo com a autora e historiadora da moda Caroline Weber, que escreveu uma espécie de biografia de Maria Antonieta a partir da relação dela com a moda, a rainha esposa de Luís XVI chocou a aristocracia francesa da época. Pela primeira vez, uma mulher casada com um rei francês modificou as convenções da aparência da realeza. Sua ousadia a levou a abandonar o estilo aristocrático antiquado e empoeirado — sustentado principalmente pela pretensão de evocar uma espécie de atemporalidade da dinastia Bourbon — e a assumir um estilo mais moderno e em observância dos novos tempos que começavam a surgir. Apesar de ter entrado para a história como uma rainha fútil e descolada da realidade, aquela que mandou o povo com fome comer brioches — uma frase cuja autoria, aliás, jamais foi confirmada —, Maria Antonieta não era em nada pior que seus pares. Ela recebeu esse destaque, no entanto, por uma leitura machista da época, que exacerbou algumas características

> suas e as recolocou sob uma luz julgadora desproporcional.
>
> Na época, muitos de seus críticos se ofendiam simplesmente porque não se conformavam com uma rainha que se recusava a respeitar os limites impostos pelo conservadorismo aristocrático, que não se esforçava para manter um ar dócil e inofensivo típico das esposas que tinham vindo antes dela. Maria Antonieta se vestia de maneira provocativa e intencionalmente desafiava os costumes da época por meio da escolha de suas roupas. Um dos antecessores de seu marido, Luís XIV, o "Rei Sol", inclusive já havia usado a roupa como uma forma eficaz de demonstração de poder político. A ideia de instrumentalizar a moda para se destacar, afrontar e pavonear seu próprio poder era nova quando vista na prática da esposa do rei, da qual se esperava apenas a resignação a um papel de coadjuvante na política.

É justamente nesse momento histórico das chamadas revoluções liberais que os ideais de igualdade surgem. Mas há um detalhe nessa história que nos impacta bastante até hoje. Além do problema de que a igualdade e a liberdade pelas quais os revolucionários tanto lutaram foram concretizadas apenas formalmente por meio da linguagem de direitos, os ideais revolucionários também acabaram capturados pela noção liberal de ser humano, a qual pretendia ser universal, mas representava valores e aspirações apenas para um grupo específico. Esse é um ponto que merece ser visto com calma, pois de fato é bastante importante para tudo o que está sendo discutido aqui.

O valor da igualdade conforme elaborado na Modernidade adquire uma forma jurídica que já previamente estabelece a medida em que somos iguais e como se dá o exercício dessa igualdade. Somos iguais perante a lei, ponto. Não fosse isso decepcionante o suficiente, também precisamos lidar com o fato de que as leis são em geral pensadas considerando o indivíduo nos moldes inventados pela ideologia liberal. E, olha, o sujeito liberal é a criatura mais chata e sem graça que você é capaz de imaginar, o tipo de cara com o qual você não aguentaria conversar por mais de dois minutos numa festa antes de cair num estado de torpor por puro tédio.

Todos os pensadores do liberalismo basearam suas teorias de sociedade em um modelo de indivíduo cuja mais ousada aspiração é a segurança para conseguir acumular propriedade e não sofrer uma morte violenta. Ao lermos Hobbes, Locke, Adam Smith, Kant, Montesquieu e John Stuart Mill, dentre tantos que formam o cânone liberal, não encontramos nada sobre aspirações relativas a felicidade, a paixões intensas, a uma vida que vale a pena ser vivida ou a quaisquer considerações sobre expectativas existenciais mais complexas. O indivíduo com o qual a lei vai se preocupar é um sujeito concebido de maneira abstrata, cuja essência é lamentavelmente restrita.

O sujeito de diretos é, portanto, um indivíduo abstrato, mas universal, que deseja apenas ter uma vida tranquila e proteger seus bens. O arquétipo imaginado pelos pensadores liberais da Modernidade era de um homem que se orienta pela acumulação econômica e por conforto individual. No momento em que diversas possibilidades pareciam abertas e que um arranjo social completamente novo parecia surgir, no calor da verve revolucionária, a liberdade e a igualdade prometidas ficaram restritas a um modelo de indivíduo que tinha pouquíssimo a ver com o ser humano real, complexo e diverso. Ou seja, conquistamos liberdade e igualdade apenas na medida certa para atender às aspirações de um sujeito que não só existe apenas em abstrato como também se parece muito pouco com o que de fato somos e buscamos na vida.

A igualdade perante a lei, portanto, foi construída juridicamente de forma a espelhar as duas dimensões típicas do indivíduo liberal. Na condição de homem no espaço privado, o sujeito liberal é reduzido a um indivíduo que só age em interesse próprio, buscando acumular bens econômicos e prestígio social. Já na condição de homem no espaço público, é o cidadão que participa da vida política nos limites institucionais prescritos, ou seja, o cara que respeita as leis e participa das eleições que ocorrem de tempos em tempos. E só. Toda a complexidade do ser humano é reduzida a essas duas simplificações de homem privado e homem público. Assim, no mundo maravilhoso da igualdade formal e do sujeito de direitos abstrato, todos são igualmente livres para perseguir seus próprios interesses e todos têm, da mesma forma, oportunidades equivalentes de ocupar o espaço público. Isso é o que significa a igualdade perante a lei. Não tem nada a ver com sermos de fato iguais, usufruirmos dos mesmos confortos materiais, termos disponíveis as mesmas oportunidades e condições de vida.

Karl Marx foi quem desenvolveu umas das melhores críticas ao modelo liberal. Ele explicou que tanto o homem privado quanto o homem público são criações do liberalismo para reduzir o ser humano a uma forma abstrata, de modo que não seja preciso endereçar nossas aspirações humanas em toda a sua complexa plenitude. Para Marx, enquanto eleições forem sinônimo de participação política e todas as aspirações que podemos ter na vida estiverem contidas no mercado capitalista, jamais nos emanciparemos como seres humanos, feitos de carne, osso e emoções. De acordo com Marx, as promessas de igualdade e liberdade do liberalismo são vazias de quaisquer possibilidades de nos realizarmos social, existencial ou politicamente. Nossos processos de autoconstrução enquanto sujeitos autônomos devem se imbricar no fazer coletivo, da sociedade. Ou seja, nós nos construímos à medida que construímos o mundo que queremos. Nós nos formamos pela coletividade e, nesse processo, também a formamos — somos ao mesmo tempo produtos e produtores dela.

Tanto o sujeito de direitos quanto o *homo economicus* — o indivíduo que se orienta apenas pelas ações que lhe dão algum tipo de retorno financeiro — são invenções convenientes a um sistema que não se preocupa com construções coletivas, tampouco é capaz de saciar nossos anseios existenciais mais complexos. O homem liberal é, por excelência, incapaz de pensar no coletivo e no bem comum. Nada além dos seus interesses particulares merece sua atenção, e o engajamento político não lhe convém para a participação efetiva na construção do mundo em que ele gostaria de viver.

E assim chegamos de volta ao ponto de onde partimos no início desta seção. Não nos basta a igualdade formal prescrita em lei. Tanto os direitos políticos do cidadão na esfera pública quanto os direitos individuais na esfera privada são parciais e insuficientes. Os direitos políticos só podem ser exercidos no limite das instituições dadas, e os direitos individuais se baseiam em uma versão de homem egoísta que não se encaixa em qualquer projeto de emancipação coletiva. Nenhum deles dá conta dos nossos anseios existenciais complexos, que demandam por uma materialidade concreta e enraizada no mundo a nossa volta.

Essa construção tão esvaziada do sujeito jurídico pode ter consequências terríveis para a realização concreta e material de direitos. Quer ver um exemplo bastante elucidativo que aprendemos com as lutas transfeministas? Vamos olhar para o que chamamos de violência administrativa de Estado. As agências reguladoras e executivas da administração pública — como Detran, Anvisa, Inmetro, o Sistema Único de Saúde (sus), os Centros de Referência Especializados de Assistência Social (Creas), e por aí vai — não só aplicam a lei, mas produzem o sentido das categorias que elas administram. As leis são aplicadas de acordo com tipos que parecem abstratos e neutros, mas são carregados de uma semântica política capaz de verdadeiros estragos. Essas agências administram não apenas as populações das quais elas cuidam, mas também a distribuição de segurança e vulnerabilidade. A vida e a morte são distribuídas por meio de sistemas de controle e de produção de sentidos, marcados pela raça e pelo gênero, apesar da presunção de neutralidade das posições dos sujeitos de direito. A recusa do Detran de expedir um documento de habilitação com o gênero correto de uma pessoa trans é um exemplo do potencial destrutivo por trás do que parece ser apenas a aplicação da lei.

Não por acaso, as lutas transfeministas que se organizaram a partir das últimas décadas têm nos ensinado muito a esse respeito. A partir da premissa de que as reformas legais têm impacto limitado, já há algum tempo as feministas trans vêm criticando a priorização das demandas focadas em leis antidiscriminatórias e em crimes de ódio no âmbito jurídico. Para uma boa parte da militância trans, nós deveríamos concentrar nossas energias na esfera administrativa, que é onde a lei se estrutura e reproduz a vulnerabilidade das populações trans, isto é, ir além das lutas por reconhecimento e inclusão, sem deixar de compreender a lei como um instrumento que pode ajudar a sobrevivência das pessoas trans. Experienciar formas de violência administrativa de Estado pode não só ser um processo potente de politização de quem passa por isso, mas um modo de organizar reformas legais — e não *conseguir* reformas legais —, isto é, tem um intenso potencial de mobilização.

É evidente que não queremos minimizar a luta por direitos e a conquista de avanços legislativos. Sabemos a importância de ter direitos reconhecidos, respeitados e protegidos, sobretudo para minorias. Entendemos que com frequência apenas pessoas com muitos privilégios e seguras de sua posição social conseguem descartar a relevância de se ter um direito formalmente reconhecido. Mas, assim como queremos propor uma relação diferente com a moda, também gostaríamos de sugerir uma maneira diferente de nos relacionarmos com o conjunto de leis que ordena nossa sociedade.

Podemos entender o direito — e todas as suas instituições formais e espaços de manifestação — não como uma simples estrutura de poder reificada, nem um mero instrumento para atingir determinados fins, nem mesmo um sistema fechado que se legitima em si. O direito é um componente político da vida social, um campo de batalhas em que o senso comum é formado e transformado. Na pertinente e muito bem elaborada definição do antropólogo Philippe Descola, o direito "é o domínio que, sem dúvidas, atesta mais fielmente que qualquer outro tratado filosófico ou ético sobre a mutação dos princípios que governam nossos Estados, nossas práticas e nossas relações com o mundo". As leis são, portanto, tanto um barômetro cultural da sociedade quanto instrumentos ativos de transformações relevantes. O problema está em achar que a lei fará todo o trabalho de mudança, ou que a forma jurídica é neutra e disponível para servir a quaisquer demandas nossas.

No fim das contas, esse sujeito de direitos que acessa uma liberdade formal é uma abstração que nos ajuda muito pouco. É como uma espécie de loja prêt-à-porter que só oferece peças que não nos caem bem, nem podem ser ajustadas ao nosso corpo. Essas peças podem até ser bonitas no cabide, mas de que nos adiantam se jamais conseguiremos nos vestir com elas? Se o máximo que conseguiremos é, eventualmente, pegar alguma delas emprestada para dar uma voltinha por aí, torcendo para que ninguém repare no caimento estranho, e sabendo que precisaremos devolvê-la aos seus donos de direito, então não parece fazer muito sentido lutar tanto para conseguir entrar nessa loja. Vamos descobrir outros caminhos para nos vestir.

TORNANDO-NOS MULHERES

Ser mulher não é uma realidade biológica, tampouco mera descrição objetiva. Ser mulher é um status social e político que informa e deforma a maneira como somos (des)tratadas e vistas (ou invisibilizadas) na sociedade em que vivemos. Sim, somos dessas feministas que aprenderam com as que vieram antes de nós a enxergar gênero em tudo. Não se trata de opinião: sabemos que todas as nossas relações — pessoais, afetivas, profissionais, formais e informais — são marcadas pelas diferenças que determinam maneiras distintas pelas quais homens e mulheres, meninos e meninas são socializados. Nós, mulheres, trans e cis, existimos em um mundo bastante diferente daquele frequentado pelos homens, sobretudo os brancos, héteros e de elite.

O masculino e o feminino não são somente modos de categorizar. Homens e mulheres não são simplesmente diferentes em nossa sociedade. As diferenças orientam a construção de hierarquias sociais que atuam sobre nós na internalização dessas discrepâncias. Ou seja, as supostas diferenças entre homens e mulheres acabam funcionando como marcas da superioridade política e social masculina e muitas vezes são internalizadas por nós. Essa internalização de diferenças socialmente construídas afeta a nossa identidade e o nosso senso de individualidade. Isso significa que adotamos como traços da nossa personalidade padrões que foram construídos e impostos, o que nos faz reproduzir as hierarquias de gênero estabelecidas de forma artificial em nossa sociedade.

Simone de Beauvoir nos ensinou que a posição subalterna da mulher em relação ao homem se dá a partir da nossa construção dialética como sujeito. É preciso entender melhor o que isso significa para de fato compreender a elaboração "não se nasce mulher, torna-se mulher". Essa compreensão é também fundamental para entendermos por que "ser mulher" é algo que determina tantas experiências que vivenciamos e constitui de maneira tão definitiva nossas relações e práticas do dia a dia. E como nosso tema aqui são as roupas, precisamos lembrar que o fazer-se mulher também passa pelo vestir-se de mulher — e por todas as implicações que isso traz. "Tornar-se mulher", portanto, é realizar-se como ser humano dentro de um corpo feminino e internalizar a nossa submissão ao ocuparmos uma posição de "outro" se relacionadas aos homens. Sim, é bastante complexo, mas faz muito sentido. Vamos por partes — e já avisamos que as coisas ficarão bem filosóficas a partir de agora. Segurem-se.

Vamos começar pela definição básica de dialética, um conceito central na obra de Beauvoir e para todas as feministas existencialistas que vieram depois dela. Dialética, na filosofia, é como aquela calça jeans que amamos e usamos sempre, pois combina com tudo e pode ser usada em diferentes ocasiões a depender da composição. Existem também "estilos" diferentes de dialética, como a pensada por Platão e a desenvolvida por Tomás de Aquino. Grosso modo, dialética é a produção de uma síntese a partir de duas ou mais perspectivas distintas. Desde que Hegel apareceu no mundo da filosofia, contudo, a dialética passou a ser entendida de uma maneira mais complexa.

Há uma passagem famosa no livro *Fenomenologia do espírito* em que Hegel descreve a dialética entre senhor e escravo em pouco mais de uma dezena de páginas que mudaram a história da filosofia ocidental, influenciando, de um jeito ou de outro, praticamente todos os outros pensadores subsequentes. Hegel explicou nessa passagem a forma como os seres humanos acabam ocupando papéis sociais opostos e assimétricos, mas em uma relação mútua de dependência. Não pretendemos fazer aqui um minicurso rápido de dialética hegeliana — há literalmente centenas de milhares de páginas escritas sobre essa passagem e muitas controvérsias sobre suas interpretações —, mas há uma ideia que precisa estar bem estabelecida para seguirmos: nós nos tornamos sujeito por meio de uma relação com um outro sujeito que nos reconhece como tal, ou seja, nossa subjetividade depende de outra pessoa e só existe dentro dessa relação com ela. Só existe um "eu" se existe o "outro", para usar os termos do próprio existencialismo de Beauvoir.

Construir nossa subjetividade de maneira dialética significa que alguém só consegue se tornar sujeito quando o é assim reconhecido por outro. Para Hegel, a própria estrutura do humano é uma forma de dependência constitutiva de um outro. É até possível ver, na teoria hegeliana, uma crítica direta ao indivíduo liberal, uma vez que para ele o sujeito é completamente dependente da sociabilidade. Não há "penso, logo existo"; a versão de Hegel seria algo mais próximo de "só penso porque você pensa, você só pensa porque eu penso, e assim nós pensamos e existimos". A partir dessa visão filosófica, inaugura-se uma vertente que faz uma ruptura profunda com a ideia de um sujeito racional que produz o mundo conforme aquilo que ele sabe e conhece. Ele rejeita a ideia de um sujeito abstrato, universal e determinado objetivamente, isto é, a unidade mínima para qualquer subjetividade é a comunidade. É uma pena que a leitura de Hegel seja tão inacessível, mas que bom que temos feministas incríveis e brilhantes que souberam aproveitar seus insights para avançar a nossa luta.

Voltemos então a Beauvoir. Como talvez você já tenha adivinhado, a célebre formulação de que a "mulher é o outro do homem" é inspirada na dialética hegeliana do senhor e do escravo: na construção social das relações de gênero, o homem ocupa a posição do senhor — que Beauvoir chama de "Um" — enquanto a mulher ocupa a posição do escravo — o "Outro". Mas lembre-se de que, apesar das terminologias "senhor" e "escravo", Hegel não falava de uma relação de dominação pura e simples. Não devemos entender "senhor" e "escravo" literalmente, como uma pessoa escravizada e um escravocrata, mas sim como posições em uma alegoria filosófica. Mais uma vez, precisamos frisar que a dialética descreve uma relação em que dois sujeitos se autoconstituem de maneira mútua por meio do reconhecimento de um pelo outro. As posições assimétricas de senhor e escravo são distribuídas de acordo com uma série de complexidades que não poderemos investigar aqui — aliás, o debate sobre o que de fato constitui a posição de escravo e a de senhor é um dos tópicos favoritos entre os hegelianos. Torna-se escravo aquele que aceita anular a sua própria consciência em favor da consciência do outro. Nesse encontro entre duas consciências que buscam reconhecimento para se constituírem como indivíduos, uma sempre vai querer se impor sobre a outra, mesmo sabendo que precisa dela. Ocupará a posição de escravo quem piscar primeiro, ou seja, quem primeiro aceitar se submeter ao outro.

Nas relações de gênero explicadas por Beauvoir, contudo, essa assimetria é muito bem analisada. Assim como Hegel, Beauvoir parte da ideia de que a individualidade de uma pessoa é uma criação social, não um fato metafísico, formada a partir da dependência entre dois sujeitos. Tornamo-nos sujeitos sempre em relação a outro. Isso significa que "ser homem" e "ser mulher" são duas posições de individualidade que se constituem mutuamente, ou seja, uma é definida em comparação à outra. Trocando em miúdos, a ideia de homem só faz sentido porque existe a ideia de mulher, e esses dois conceitos são construídos de maneira aparentemente insuperável. É da própria constituição dessas noções o seu oposto, ou seja, quando dizemos que alguém é homem, afirmamos também que essa pessoa é uma não mulher. Da mesma maneira, códigos construídos como femininos também o são, ao mesmo tempo, não masculinos.

Mas há uma grande pegadinha nessa construção dialética que coloca as noções de homem e mulher em dependência constitutiva: ela cria uma assimetria em que uma posição é superior a outra. A principal crítica da filósofa francesa à dialética de senhor e escravo é a incapacidade de Hegel em perceber como a relação cria uma inferioridade que é internalizada pelo escravo. Isso acontece de maneira sutil, quase velada, mas não por isso menos violenta para as mulheres ou para quem estiver em subalternidade. Nessa relação, uma parte se apresenta como a regra — ou, nos termos de Beauvoir, como o "Um" — enquanto a outra é apresentada como a derivação — o "Outro". Existe, portanto, uma relação ontologicamente assimétrica entre homens e mulheres, duas posições de sujeitos que são histórica e culturalmente distribuídas em papéis sociais distintos.

Faz parte da construção da individualidade se basear na dependência mútua constitutiva da lógica de "Um" e "Outro", de regra e derivação, de norma e desvio. Isso não seria necessariamente um problema não fosse pelo fato de que, na sociedade em que vivemos, essas posições foram fixadas em corpos específicos: os homens são sempre o "Um", enquanto as mulheres são sempre o "Outro" deste "Um". Não é problemático somente por sermos diferentes, mas porque a posição dos homens é a neutra, o marco zero, enquanto a ocupada por mulheres está em oposição a ela e representa o seu desvio e a sua negação. Nós, mulheres, somos o "Outro" dos homens. Na construção das nossas subjetividades, nos constituímos mutuamente dependentes, mas em uma relação assimétrica, com papéis sociais de gênero já estabelecidos de antemão.

Essa abordagem existencialista desenvolvida por Beauvoir nos dá uma peça do quebra-cabeça para entendermos por que nos sentimos sempre um tanto deslocadas no mundo do trabalho. Na alegoria original de Hegel para explicar a relação dialética de construção de duas subjetividades mutuamente dependentes, não é por acaso que ele utiliza as posições de senhor e escravo. O escravo é aquele que trabalha, enquanto o senhor se apropria dos frutos desse trabalho. Ambos são mutuamente dependentes um do outro: para ser um senhor, é preciso ter um escravo, enquanto o escravo só o é porque obedece a um senhor. E aqui temos uma possível subversão: a relação do senhor com a sua própria subjetividade é mediada pelo escravo, o qual serve ao senhor produzindo coisas para ele. O senhor trata o escravo apenas como um instrumento, como um meio de satisfazer suas necessidades, e se acomoda na posição de consumidor não produtor.

Conforme essa relação se desenvolve, o senhor passa a ser cada vez mais dependente do escravo, em um processo progressivo de se tornar escravo do escravo. Ao mesmo tempo, o escravo torna-se mais e mais independente do senhor, capaz de produzir aquilo de que necessita. A única coisa que resta entre o escravo e a possibilidade de sua emancipação é a sua identificação do seu trabalho com o produto dele. Mas não é tão simples assim. O escravo tem muita dificuldade de enxergar e dimensionar todo o trabalho que ele intuitivamente sabe que faz. Afinal, o senhor consome todos os frutos do trabalho do escravo. Nada produzido pelo escravo fica para ele, exceto as migalhas que sobram depois que o senhor se serviu de seu trabalho. Mas o que é o senhor sem o escravo? Aquilo que o senhor consegue consumir sem que o escravo produza para ele. Em Hegel, essa relação vai aos poucos então se invertendo, à medida que o escravo percebe o quanto o senhor depende do seu trabalho.

Utilizemos agora essas lentes para entender o mundo do trabalho formal. Pense em um escritório qualquer, em que um chefe gerencia uma equipe com assessores e secretárias. Para que todos trabalhem ali naquele espaço, muitos outros tipos de trabalho precisaram acontecer. Alguém produziu todas essas pessoas (sim, isso é trabalho — e muito trabalho! Quem aqui é capaz de fazer todo um sistema cardiovascular? Quem já fez orelhas e retinas?), alguém cuidou delas e garantiu que fossem alimentadas e protegidas de ameaças a sua vida, alguém preparou a comida delas, lavou e passou suas roupas, deu carinho e conforto para aguentar mais um dia de trabalho, limpou seu banheiro, e por aí vai. O mundo de trabalho formal depende da realização de muito trabalho que acontece fora de seus limites institucionais. Como estamos no reino da filosofia, e não da antropologia ou sociologia, podemos pensar no mundo do trabalho doméstico como o escravo do senhor-mundo-do-trabalho-formal.

O reconhecimento dessa dependência nos permite visualizar o quanto a sociedade precisa das mulheres — e não daquela maneira demagógica que costuma aparecer em homenagens toscas de Dia das Mulheres ou Dia das Mães. Essa dependência é constitutiva em dois níveis, que se relacionam e se constroem de maneira mútua. Há uma dependência material do trabalho realizado pelas mulheres fora dos espaços formais de trabalho, e há uma dependência ontológica entre as posições de homem e mulher, duas subjetividades que se constituem de maneira recíproca e precisam uma da outra para serem reconhecidas como sujeito. Como sociedade, vamos sempre ser dependentes desse tipo de trabalho invisível feito fora dos espaços formais de trabalho. Como seres humanos, vamos sempre ser dependentes uns dos outros para a construção da nossa subjetividade. Devemos então abraçar essa dependência e colocá-la às vistas de todos e todas — e avançando, nesse sentido, por meio das roupas. Quer saber como?

AS TRÊS GERAÇÕES DO FEMINISMO

Para fins didáticos, costuma-se dividir o feminismo em três gerações, que se separam não apenas pela época na qual as principais pensadoras viveram, mas por apresentarem concepções distintas sobre a luta das mulheres. Evidentemente, não se trata de uma divisão estanque, nem muito bem delimitada, porém ela nos ajuda a entender como se desenvolveu a organização das mulheres ao longo da história.

O chamado feminismo de primeira geração está relacionado com as sufragistas do século xix. Na época, elas ainda não se identificavam como feministas. O termo, em geral atribuído a Charles Fourier — filósofo francês socialista utópico que imaginou todo um novo mundo onde viveríamos livres da subjugação masculina —, apenas no século xx foi reivindicado pelas mulheres que assim se identificavam. Chamamos anacronicamente, portanto, o movimento sufragista de feminismo de primeira geração. Influenciadas pelo Iluminismo e pelo Humanismo, as sufragistas lutaram sobretudo pelo direito ao voto, encarado por elas como a expressão máxima de participação política. Alguns nomes de destaque dessa luta são Sojourner Truth e Emmeline Pankhurst. Nos Estados Unidos e na Europa, as sufragistas também incluíram em suas demandas a reforma dos vestidos, propondo o fim de espartilhos e crinolinas e anáguas em formato de gaiolas. Isso só prova o quanto as roupas desde cedo fizeram parte das nossas lutas, podendo corporificar tanto a nossa opressão quanto a nossa emancipação.

Já o feminismo de segunda geração é identificado com o movimento de mulheres que começou a florescer nas universidades nos anos 1960. Com o mundo chacoalhado pelo contexto do pós-guerra, as minorias antes silenciadas nos espaços de produção de conhecimento começaram a vocalizar mais suas perspectivas epistemológicas. Nesse momento, diversos tipos de feminismos começaram a surgir, a partir das distintas maneiras em que a condição das mulheres e os caminhos para a emancipação eram concebidos. Feministas negras, socialistas, radicais e existencialistas eram algumas das expressões que esse período testemunhou. Sem dúvidas, foi o momento de ápice da luta das mulheres. Nomes como Angela Davis, Lélia Gonzalez, Gloria Steinem e Simone de Beauvoir simbolizam a erupção política dessa época. Mais uma vez, a luta estava conectada às roupas, já que uma das imagens mais associadas ao feminismo de segunda geração é justamente a dos sutiãs sendo queimados nos campi universitários.

Por fim, o movimento de terceira geração, conhecido como feminismo queer ou mesmo pós-feminismo, é o que vivemos hoje, depois de termos passado pelas profundas rupturas da teoria queer dos anos 1990. Nomes como Roxane Gay, Paul Preciado, Andrea Long Chu, Valeria Solanas, Mackenzie Wark e, claro, Judith Butler são alguns dos que se destacam nesse contexto. Desde que esses pensadores passaram a contestar o binarismo e a radicalizar o debate sobre gênero para além da mera contestação dos papéis sociais, passamos para uma fase de múltiplos feminismos. Feminismo liberal, radfem, ecofeminismo, anarcossindical, marxista e antirracista são apenas alguns exemplos da pluralidade contemporânea da luta das mulheres.

A nossa realidade existencial como o "Outro" do homem, a subalternidade do nosso gênero em relação ao masculino, parece uma condição tão insustentável que algumas feministas desistiram de tentar encontrar uma forma de reconstruirmos as relações entre homens e mulheres. O assunto parece tão difícil que pensadoras como Valerie Solanas, Shulamith Firestone e Donna Haraway chegaram a defender o fim dos homens, por meio de seu concreto aniquilamento ou de sua total obsolescência social, biológica, cultural e política. Achamos, contudo, que talvez esse tipo de solução seja radical demais — não parece que o que falta ao mundo é mais um genocídio. Encontrar uma forma de nos relacionar e conviver, abraçando essa dependência mútua que forma nossas subjetividades, sem, contudo, reproduzir hierarquias previamente estabelecidas por papéis sociais de gênero não é tarefa simples, mas pode ser que haja caminhos a ser construídos.

A filósofa pós-feminista Andrea Long Chu tem uma tese para lá de interessante que adoramos. Para ela, nós somos todos fêmeas — ser fêmea é uma condição ontológica de todos os seres humanos, independentemente do que diz a biologia. Long Chu define como feminina qualquer operação psicológica na qual o *eu* é sacrificado para dar lugar ao desejo de outro. Esse desejo pode ser concentrado ou difuso, real ou imaginário. Pode ser a vontade sexual de um namorado, por exemplo, pode ser um conjunto de expectativas culturais distintas ou até mesmo a gravidez. Em quaisquer desses casos, o *eu* é esvaziado por completo e transformado em uma incubadora para uma força alienígena. Ser fêmea é, em resumo, esvaziar-se dos seus desejos para realizar os desejos de outros. Para Long Chu, essa condição da feminilidade, apesar de ser só dolorida de vez em quando, é sempre algo ruim para você.

Talvez o problema seja, como já apontado por Beauvoir, o fato de que essa condição parece estar fixada de maneira predeterminada em pessoas específicas. Da forma como somos socialmente construídas e historicamente produzidas, são sempre as mulheres nessa condição de "Outro", somos sempre nós a nos esvaziarmos para a realização dos desejos que não são os nossos — sejam esses desejos da sociedade, dos nossos maridos, filhos, pais ou chefes. Porque somos seres humanos vivendo em sociedade, sempre dependeremos uns dos outros. Fomos tão treinados pelo liberalismo a valorizar a independência como definidora da nossa humanidade que nos assustamos com a ideia de sermos inescapavelmente dependentes uns dos outros.

Um passo importante é aceitarmos e abraçarmos nossa condição de dependência: somos seres humanos, vivemos em sociedade e dependemos uns dos outros não apenas para sobreviver, mas para existir, para construir nossa subjetividade e nos constituir como sujeitos. Também dependemos materialmente de uma série de atividades que ficam de fora do mundo formal do trabalho, em geral realizadas pelo mesmo gênero da subjetividade subalterna. Se nossa subjetividade é formada dialeticamente pela interação com outras subjetividades, pelo reconhecimento mútuo entre dois sujeitos, parece esperado que esses sujeitos se revezem na condição de "Um" e "Outro", de senhor e escravo, de "Eu" que deseja e de "Eu" esvaziado para ser preenchido por um desejo alheio. O problema não está na existência dessa condição, mas no fato de ela ser permanente e de a distribuição de papéis sociais de gênero ser previamente determinada.

Ao aplicar isso às roupas que vestimos, conseguimos visualizar de maneira mais concreta possíveis caminhos — pois é, se você achou que iríamos facilitar a sua vida na hora de se vestir, já deve ter percebido que só a complicamos cada vez mais. Avisamos desde o início que não há respostas simples para questões que são de fato profundamente complexas. Essa posição de "Um" do homem se reflete nas roupas que pouco mudam, que já vêm estabelecidas sem muito espaço para adaptações. Ao se estabelecer como a norma, a forma fica engessada. Disso deriva que a apresentação do homem em conformidade com a masculinidade se dá por meio de roupas que se transformam pouco e que não abrem possibilidades de construções de subjetividades mais interessantes e autênticas. O desvio da norma, por outro lado, o "Outro", se apresenta nas roupas por meio de múltiplas possibilidades. Ressignificar essas possibilidades como algo que, na verdade, pode ser muito bom e desconstruir a norma como definidora de privilégio são coisas que podem nos ajudar a avançar no questionamento do "Um" e do "Outro" tão fortemente fixados.

A noção de construir nossa subjetividade como desvio nos afasta da possibilidade de nos parecermos com a regra. Mas sabe de uma coisa? A posição de "Um" jamais será a nossa, pelo menos não na conjuntura social dos papéis sociais de gênero historicamente produzidos. Podemos tentar muito nos encaixar, podemos tentar ao máximo pelas roupas acessar essa posição e até chegar bem perto dela, mas a nossa emancipação não é destino desse caminho. Ao falar sobre construir nosso próprio poder e sobre os ensinamentos da filosofia feminista alcançamos mais uma camada do que isso significa, pois vimos como a nossa subjetividade é formada e conformada nas relações de gênero.

Em vez de nos sentirmos intimidadas pela tarefa de navegar pelo desvio, aproveitemos que a posição de "Outro" nos abre possibilidades e vamos nos divertir com isso. Quando entendemos que a roupa nos ajuda no processo de encontro com a nossa subjetividade mais autêntica, o ato de se vestir passa a ser um exercício emancipatório de autoconhecimento. Deixemos o "Um" masculino seguir o modo automático de continuidade da regra, sem qualquer possibilidade de construção de um sujeito mais interessante — sempre as mesmas roupas, os mesmos cortes, as mesmas cores, todos iguais, o "Um" que nunca muda e não se transforma. É o "Outro" que pelo desvio constrói a história e abre as possibilidades de mudança e transformações profundas.

E aqui cabe uma ponderação final — pois nunca cansamos do nosso super-raio problematizador. Evidentemente, temos consciência de que não existe a "mulher" como uma categoria universal e abstrata. Somos diversas e marcadas de modo distinto por outros sistemas de opressão e privilégios, em especial aqueles relacionados a raça, classe, sexualidade e corpo. Aprendemos com a história do feminismo negro que a categoria "mulher" muitas vezes apaga as experiências das mulheres não brancas, lésbicas, transsexuais e pobres. Sabemos que não somos todas iguais, mas acreditamos que compartilhamos identidades e que não precisamos — nem podemos — ignorar nossas diferenças para formularmos juntas críticas sobre aquilo que nos afeta, ainda que de modo mais ou menos intenso. Falar em "homens" e "mulheres" facilita a compreensão, mas essa postura precisa vir acompanhada da reflexão que são categorias de posições construídas socialmente e produzidas ao longo da história.

Nos próximos capítulos, começaremos a delinear algumas possíveis estratégias para nos engajarmos com a moda e nos apropriarmos das roupas de modo a questionar, refletir, desconstruir e redefinir as relações entre os gêneros e as estruturas sociais que ainda nos organizam em hierarquias opressivas.

2
A MODA E OS CÓDIGOS

Vestir-se é ato político. Nada do que vestimos é aleatório, neutro ou puramente pragmático. Por meio da moda, conseguimos compreender, explicar e até mesmo transformar a sociedade. A análise de vestimentas é uma chave interpretativa central para entendermos hábitos, culturas e valores. A ideia de que, inocentemente e guiadas apenas por nosso gosto pessoal, escolhemos uma peça para levar para casa é tão falsa quanto problemática. Não se pode falar em acaso no que diz respeito à moda, e vários são os fatores que determinam o que vestimos. Roupas são ferramentas de comunicação, capazes de dizer coisas complexas antes mesmo que a gente fale. E, a não ser que resolvamos defender um mundo nudista, a roupa vai continuar sendo um tema relevante. Roupa não é só indústria, identidade, tendência, etiqueta ou grife. Roupa não é só moda.

A roupa também não é, nem nunca foi, uma resposta objetiva e neutra a necessidades materiais. Vestimentas não surgiram apenas para nos proteger do frio ou para cobrir nossos pudores, por exemplo, tampouco existem necessariamente para tornar a nossa vida mais prática ou confortável. Desde sempre, a roupa que usamos tem a função de nos diferenciar. Os melhores caçadores usavam peles, as mulheres da aristocracia usavam tecidos tingidos, os pobres da classe trabalhadora na Revolução Francesa não usavam *culotte* (e por isso ficaram conhecidos como os *sans-culotte*, ou sem culotes), cientistas e médicos usam jaleco branco, juízes usam toga e mulheres empresárias que querem parecer bem-sucedidas usam salto alto com sola vermelha. Por meio da roupa, diferentes assimetrias sociais são produzidas, reproduzidas e compartilhadas.

A historiadora e diretora emérita do Centro para o Estudo das Roupas Regionais do Museu Fowler, da Universidade da Califórnia em Los Angeles (UCLA), Patricia Rieff Anawalt, escreveu um livro inteiro, *A história mundial da roupa*, mostrando como a vestimenta colabora na formação de assimetrias sociais. Desde as saias de fibra vegetal do período neolítico às vestes cerimoniais da África subsaariana contemporânea, passando pela mudança no tratamento do linho egípcio, pelas togas clássicas gregas, pelos robes xamânicos dos mongóis, pelos quimonos japoneses, pelos sáris indianos, pelos hijab do Oriente Médio e pelas tirolesas dos Alpes suíços, a roupa sempre foi instrumentalizada para comunicar hierarquias sociais, políticas e econômicas. Humanos tingem fibra vegetal para produzir peças que cobrem seus corpos há muito tempo — pelo menos 30 mil anos, de acordo com algumas fibras tingidas de rosa, preto e turquesa encontradas na caverna Dzudzuana, na Geórgia. De fato, uma das evidências mais antigas preservadas de uma roupa confeccionada em fibra vegetal foi identificada em achados arqueológicos que datavam de 6500 a.C., na caverna Nahal Nemar, em Israel, e se tratava possivelmente de um chapéu cuja função era anunciar a idade da pessoa que o usava.

A maneira como nos vestimos é, portanto, um meio efetivo de comunicar desigualdades de classe e de sedimentar hierarquias de gênero e raça. A construção daquilo que achamos elegante, refinado ou apropriado é profundamente marcada pelos privilégios que derivam da classe social a que pertencemos, ou da nossa raça. Calçar chinelos para ir a um shopping de bairro de elite é uma experiência que pode ser bastante diferente a depender da cor da pele de quem o faz.

Usar um blazer com "corte masculino" faz a mulher parecer "mais poderosa", de acordo com alguns estilistas e consultores de moda. A mesma peça de roupa, feita na mesma fábrica por trabalhadores em condições análogas à escravidão, tem o seu valor quintuplicado se receber uma etiqueta de grife.

Apesar de a roupa ser capaz de, como toda forma de discurso, reforçar estruturas de poder constituídas, ela tem ainda o potencial de contestá-las. Como forma de consumo, a roupa nos faz questionar e repensar a organização do mundo em que vivemos. As roupas disponíveis não são apenas um reflexo objetivo da sociedade, mas um meio capaz de transformar estruturas e de estar profundamente conectado à tradição criativa de produção de imagens. Se por meio da roupa que usamos podemos trazer à tona e expor os pilares que sustentam arranjos sociais injustos, a prática consciente de escolher o que vestimos possibilita questionar e resistir a esses arranjos. Obviamente, não será apenas pelas roupas que mudanças estruturais irão acontecer, mas ignorar a potência do que e como nos vestimos é um erro grave.

AS ROUPAS ENTRE A INDIVIDUALIDADE E A SOCIEDADE

As roupas não são meros produtos culturais ou expressões de uma individualidade sem contexto histórico ou social. O que achamos bonito ou feio é pautado pela sociedade em que vivemos e pelas relações de opressão e privilégio que nos rodeiam. Acreditar que é bonito ser magra com pernas compridas tem muito mais a ver com esse fenótipo ser característico das pessoas do Norte-Atlântico — que representa extensivamente a hegemonia cultural que colonizou o restante do mundo — do que com um critério objetivo de beleza. Aliás, quando falamos sobre o que é bonito ou feio, sobre o que gostamos ou desgostamos, não há objetividade em jogo. A definição do belo é uma discussão filosófica.

Pensemos, por exemplo, em Aristóteles e sua defesa de simetria e harmonia. Beleza é uma ideia, não é um fato ou um dado objetivo. Tampouco há um suposto gosto individual, descolado das nossas histórias coletivas e impermeável às estruturas de poder em que navegamos diariamente. Basta ver que todo tipo de roupa foi considerado adequado e natural em sua época, mas se tornou em seguida ultrapassado e descabido.

Roupa é também paixão e vontade; um jeito de expressar desejos visuais, de se divertir com o dia a dia, de se permitir alguma dose de leveza. O modo como nos vestimos pode ser também uma herança familiar, dos estímulos e desestímulos que recebemos para pensar a nossa identidade e para expressar nossas vontades. Muitos elementos formam o nosso vestir. Roupa não é só arte, tampouco uma simples ferramenta pragmática isolada do desejo. Não à toa, o processo de se vestir com o que é socialmente construído como roupa feminina para uma mulher trans é tão importante, sendo citado por muitas como um dos pedaços mais fundamentais do processo de transição. Como somos lidas — ou melhor, como gostaríamos de ser lidas — é parte do que forma a nossa identidade social. Vestir-se é uma faceta profundamente relevante da nossa formação subjetiva e uma das práticas desse contínuo fazer a si mesma que cria identidades em um mundo em constante transformação. Vale inclusive lembrar que vestimos o corpo que imaginamos ter, e não o corpo que temos — e isso só prova o quanto o ato de colocar uma roupa é muito mais subjetivo do que imaginamos.

Roupa é também uma linguagem; por isso, aquele que domina melhor os códigos se comunica melhor. Não só isso, mas as interpretações de cada símbolo estão diretamente ligadas ao intertexto de quem o lê, da compreensão e do julgamento de cada sociedade, dos preconceitos e também das suposições sobre qual espaço social cada grupo poderia ou deveria ocupar. As peças de roupas não representam só uma realidade social ou comunicam esteticamente os personagens de uma época, como um dado estático e científico.

Isso implica que a roupa pode ter um papel ativo na construção da imagem do indivíduo, interferindo nos processos que produzem e reproduzem as diferenciações políticas baseadas em gênero, raça e classe. Um dos maiores nomes da semiótica, Roland Barthes, nos ensinava já nos anos 1960 que não há diferença entre ler e ver, uma vez que imagens — e roupa é imagem — são compreendidas como textos a partir de uma leitura que não é meramente técnica, mas profundamente emotiva. Em resumo, um vestido é um objeto muito mais próximo de um quadro de Picasso do que de uma cômoda — ou seja, uma peça de roupa diz muito mais coisas do que cumpre uma função prática. E nós certamente podemos ter mais voz sobre o que é dito.

E já que entramos na semiótica, vale a pena entender um pouco melhor a teoria de Barthes. Ele explica que signo visual é tudo aquilo que compõe uma imagem: as linhas, as cores e as formas. Essas são as primeiras percepções que temos de uma imagem, para apenas depois identificarmos se se trata de uma blusa, uma calça ou um vestido. Nossa capacidade interpretativa, contudo, não para por aí, pois, em seguida, imprimimos significados à imagem. E disso deriva toda a nossa memória, o nosso contexto social e cultural, tudo o que nos ensinaram sobre a roupa e o vestir. É um fluxo mental incontrolável em certa medida. E isso nos mostra que é impossível tentar determinar por nossa conta o que vão achar da roupa que usamos. O que cada peça significa depende diretamente do intertexto de quem a olha. Essa ideia talvez pareça um tanto desesperançosa, mas, na verdade, pode ser bastante libertadora: se não podemos controlar a mensagem, por que não controlar o que podemos? Ou seja: usar a roupa que a gente gosta, de acordo com os nossos próprios significados e de acordo com a nossa própria percepção dos valores que entendemos que devam ser priorizados.

Os indivíduos e a sociedade estão em um contínuo processo de construção mútua, e pela roupa conseguimos compreender, dar visibilidade e até mesmo influenciar esse processo. Não por acaso, o questionamento das estruturas sociais que nos oprimem também trouxe tentativas de endereçamento de questões relacionadas ao corpo e à roupa. Toda a ideologia *body positive*, por exemplo, tão discutida nos dias de hoje, parte dessa premissa de que as formas corporais são individuais e que a roupa deve ser feita para que o estilo de quem veste não precise ser definido pelo que há disponível para aquele tamanho.

O tamanho de uma roupa não pode definir uma forma de se vestir, justamente porque enfim estamos conseguindo nos organizar para dizer que não há um só jeito de ser bonita e que a indústria da moda deve pensar em tamanhos que funcionem para todos os corpos humanos. É até compreensível que nos dias de hoje, com o formato em que foi criado o varejo, não seja possível produzir em escala roupas com costuras que não determinem previamente curvas ou modelagens. Mas é sempre possível se lembrar da premissa de que é a roupa que deve se adequar ao corpo, e não o contrário.

Da mesma forma, vemos a discussão sobre roupa e etarismo no local de trabalho. Qualquer mulher trabalhadora certamente se sente nova demais ou já muito velha para exercer determinada função — e é possível que algumas estejam naquela posição de gata de Schrödinger versão patriarcal em que se sentem simultaneamente muito novas e velhas demais para fazer determinada atividade. Entram em cena, então, os óculos de acetato para nos sentirmos mais jovens, ou uma camisa sóbria e abotoada até em cima para nos sentirmos mais maduras. As roupas não vêm em geral apenas pré-moldadas em relação ao tamanho do corpo, mas também ao que se espera daquele corpo, em especial no ambiente de trabalho.

Dessa maneira, pelas roupas e pelo engajamento crítico com a moda também redesenhamos as relações entre nossa individualidade e a coletividade, compreendendo melhor e com mais agência nos nossos processos de subjetivação. Nossa autoconstituição é determinada pela sociedade, mas ao mesmo tempo também determina a sociedade, e essa mutualidade pode ser observada justamente na moda e nas roupas que escolhemos usar. Apropriarmo-nos dos códigos tão fundamentais à cultura abre horizontes importantes de possibilidade tanto para cada uma de nós, na condição de indivíduos, como para as determinações estruturais consideradas a partir da coletividade.

ROUPA DE HOMEM E ROUPA DE MULHER

Houve um tempo, há mais ou menos trezentos anos, em que homens aristocratas europeus usavam acessórios como salto alto, joias pesadas e adereços de cabeça. Reis, condes, príncipes, diplomatas, ministros e outros membros da classe aristocrática demoravam o mesmo tempo para se arrumar que seus pares femininos, e inclusive usavam mais maquiagem do que elas. As roupas masculinas passaram a ser diferenciadas com mais ênfase das femininas quando a burguesia se estabeleceu como uma nova classe social, e o trabalho tomou os contornos que conhecemos hoje, concentrado nos centros urbanos e desenvolvido em um mercado comercial mais bem estabelecido.

Quando o ato de trabalhar passou a envolver a necessidade de locomoção frequente e o exercício de diversos tipos de tarefas ao longo do dia, a roupa do homem da elite — não mais aristocrática, mas agora burguesa — também mudou. Alguns historiadores, inclusive, chamam esse período de transformação que ocorre por volta da Revolução Industrial de "a grande renúncia masculina". Nessa transição, a elite econômica e social muda da aristocracia para a burguesia e, não por mera contingência, é nesse momento que se encerra o período das roupas enfeitadas e espalhafatosas para os homens das classes altas, enquanto as mulheres da elite permanecem cada vez mais emperiquitadas.

Nesse contexto da Modernidade europeia, o homem burguês — hétero e branco, evidentemente — ficava a maior parte do tempo fora de casa, ocupando quase que com exclusividade todos os metros quadrados do espaço público. O homem trabalhador adaptou sua roupa a um dia a dia que envolvia a rotina de sair de casa todos os dias para trabalhar e se locomover por um espaço urbano. Ao contrário dos nobres, os membros da burguesia em formação não viviam encastelados nem cercados de serviçais. O homem burguês tinha orgulho de trabalhar e de não viver apenas consumindo os impostos pagos pelo povo. Ele se enxergava como a força capaz de transformar o mundo. Conforme a nova realidade se impunha, tudo aquilo que dificultava o ir e vir foi sendo deixado para trás pelos homens, que ficaram progressivamente mais livres para circular.

Não foi por acaso que nessa época — caracterizada também como período neoclássico, em razão das inovações artísticas e estéticas — as roupas dos homens e das mulheres começaram a ficar marcadamente diferentes. Essa diferenciação acompanhava no mesmo passo a diferenciação sexual de gênero dos espaços público e privado — prova de que, por meio das roupas, é possível ver como aos poucos chegamos no ponto em que estamos, e de que talvez pelas roupas também consigamos produzir algumas das transformações que acreditamos necessárias.

Enquanto a roupa masculina se estabeleceu como simples e discreta, sem adornos, sedimentou-se ao mesmo tempo o costume de adornar mulheres e associar a elas o uso de roupas coloridas e elaboradas. A separação definitiva entre a moda masculina e a feminina se confirma com a necessidade que surge a partir do novo homem burguês, que precisa começar a produzir e trabalhar, requerendo, portanto, roupas práticas. A mulher branca continua como enfeite, dentro de casa, porque não precisa ocupar o espaço público e faz parte do patrimônio do marido. Com a consolidação do modelo da família tradicional burguesa, o homem de negócios e de sucesso demandava que sua esposa fosse referência de recato e das virtudes domésticas. Esse homem burguês típico também requeria que a esposa não tivesse um trabalho formal, uma vez que sua ociosidade também adicionava capital social ao marido. O desprezo classista pelas atividades laborais das mulheres se refletia em roupas essencialmente impróprias para quaisquer tipos de trabalho manual, como as anáguas, que eram pesadas e dificultavam a locomoção.

As roupas passaram a refletir, então, a posição diversa de homens e mulheres não apenas no mercado formal de trabalho, mas também no que o sociólogo Pierre Bourdieu chamou de economia de troca de bens simbólicos. No arranjo típico da nossa sociedade, as mulheres são os meios de produção e reprodução de capital social, como se fossem objetos que circulam na estrutura de mercado. Somos bens simbólicos que agregam valor ao capital social dos homens. Nessa economia de bens simbólicos, ocorrem trocas semelhantes àquelas entre dinheiro e mercadoria num mercado típico, exceto pelo fato de que não há moeda envolvida, mas prestígio e outros valores simbólicos, e pelo fato de que as mercadorias que circulam são, na verdade, as mulheres.

A economia de trocas de bens simbólicos acontece toda vez que um homem vai para um lugar público para ser visto com uma mulher que corresponde aos padrões hegemônicos de beleza. Quando ele caminha ao lado de uma mulher considerada bonita por todos os outros homens presentes, ele aumenta o seu prestígio social, é um homem "mais homem" por causa disso, se aproximando da masculinidade hegemônica. Nossas roupas foram historicamente moldadas, portanto, para destacar os atributos capazes de nos valorizar como objetos dessa economia de bens simbólicos, tornando-nos produtos mais atraentes a quem busca acumular capital social.

Percebam que as roupas se adaptam a essa função conforme os atributos mudam, a depender do meio social e cultural onde as trocas simbólicas ocorrem. Pode ser que entre grupos específicos de homens, os atributos valorizados sejam mulheres consideradas "gostosas", e então as roupas servirão para destacar partes do corpo feminino em geral relacionadas a essa característica, como saias curtas, calças apertadas e decotes. Mas pode ser que entre outro grupo de homens, o capital social esteja conectado a mulheres bem-sucedidas profissionalmente, por exemplo, ou a mulheres consideradas fortes e independentes. Assim, a roupa nos ajuda a performar melhor o papel desejado na vitrine da economia de trocas de bens simbólicos — por meio de uma alfaiataria impecável e salto alto agregamos valor aos homens que acompanhamos nos grupos que valorizam tais atributos.

Bourdieu, inclusive, dá o exemplo da cerimônia de casamento para ilustrar como funciona essa circulação. Para ele, esse é o momento em que nossa performance atinge o ápice da dramaticidade do mercado de trocas de bens simbólicos. O noivo está lá, parado no altar, esperando a noiva ser levada até ele pelo pai, numa entrega de patriarca para patriarca. Tudo nesse momento é carregado de simbolismo: o vestido da noiva longo o suficiente para não mostrar os seus pés e dar a ilusão de que ela não caminha por conta própria, mas é conduzida até seu futuro marido; o véu que cobre seu rosto, numa alegoria que consolida que, a partir de então, só o marido poderá vê-la; a cor branca do vestido da noiva para representar a pureza esperada da mulher-esposa, entre tantos outros exemplos. Quanto às roupas, o noivo em geral usa uma versão ligeiramente mais arrumada daquela que é considerada a roupa masculina típica de trabalho, enquanto a roupa da noiva pode chegar a ser uma verdadeira obra de arte, uma consolidação do esforço de enfeitar ao máximo a mulher.

Bourdieu estudou a dominação masculina ao observar uma comunidade na Cabília, uma sociedade localizada na parte alta de uma região montanhosa no norte da Argélia. Ele achou interessante estudar essa sociedade porque a entendeu como uma espécie de janela ao passado que possibilitaria a exposição das raízes de nossa própria cultura ocidental. As práticas específicas que aconteciam ali haviam ficado congeladas no tempo devido ao isolamento espacial, comercial, econômico, político e social da região, mas eram resultados das mesmas estruturas que herdamos do nosso passado mediterrâneo. Dessa maneira, foi possível transformar comportamentos que normalmente naturalizamos em objeto de estudo crítico.

Foi observando a Cabília que Bourdieu desenvolveu a teoria de que vivemos de acordo com uma cosmologia androcêntrica falo-narcísica. (Um belo nome, convenhamos, ainda que um tanto assustador.) De acordo com o sociólogo, as categorias "masculino" e "feminino" estão inseridas em um sistema de oposições homólogas, com significados que vão além da sexualidade. Quente e frio, alto e baixo, seco e úmido, pequeno e grande, largo e fino, cíclico e pontual, divino e secular são exemplos de como organizamos o mundo nessas oposições homólogas. Esses pares, no entanto, não são a princípio constituídos como diferenças sexuais, mas estão culturalmente inseridos em uma topologia sexualizada do corpo socializado. Ou seja, os opostos em si mesmos nada têm a ver com feminino ou masculino, mas, uma vez que entram na nossa cosmologia androcêntrica, são de imediato categorizados como um ou outro. Quando cada parte do par passa a ser associada ao masculino ou ao feminino, elas são então absorvidas respectivamente por homens e mulheres e expressas no corpo de cada um deles.

Essa explicação complexa pode ser resumida da seguinte maneira: as diferenças em geral entendidas como naturais entre homens e mulheres decorrem da corporificação desse sistema de oposições homólogas. Não podemos falar em diferenças naturais entre homens e mulheres, pois em nenhum lugar conseguimos encontrar um corpo feminino ou masculino que não tenha sido socializado. Com frequência ouvimos que os homens são mais altos ou mais musculosos que mulheres, mas desconsideramos como mulheres estão desde sempre e literalmente precisando se encolher e se diminuir para cumprir com essa expectativa. Bourdieu inverte, portanto, a relação entre causa e efeito das diferenças naturais e sociais: não são as diferenças naturais que determinam as assimetrias sociais entre homens e mulheres; ao contrário, são as diferenças socialmente construídas que acabam por naturalizar as assimetrias entre os gêneros.

Nesse mesmo sentido, a historiadora das roupas Anne Hollander sustenta que devemos considerar as roupas masculinas e femininas em conjunto para entender as expectativas sociais a respeito das relações entre homens e mulheres. Assim como Bourdieu, embora sua análise seja focada nas vestimentas, Hollander também entende que a sexualidade é o principal critério de organização do mundo em duas categorias, masculino e feminino. E essa divisão se apresenta por meio das roupas e é incorporada por todos nós, dia após dia, na maneira como nos vestimos. O próprio Bourdieu cita as práticas de amarrar a cintura das mulheres por meio de peças desenvolvidas especificamente para esse fim ou as ombreiras reservadas aos homens.

Mais de três séculos se passaram desde que os homens conseguiram acessar vestimentas mais confortáveis e práticas, e aqui estamos nós, mulheres, usando roupas apertadas e saias curtas, que diminuem a largura da nossa passada, levando a tiracolo bolsas que sobrecarregam nosso andar e calçando sapatos que muitas vezes são verdadeiros empecilhos à locomoção. (Até hoje as roupas femininas não têm bolsos de tamanho suficiente para dispensar o uso da bolsa!) Os homens, por sua vez, saem por aí com roupas largas e confortáveis, carteira no bolso e sapatos feitos para aliviar os pés o tanto quanto possível. Essa herança moderna maldita precisa ser endereçada em todo o seu significado. É uma ideia tão incorporada na cultura ocidental que nem sequer nos atentamos a ela.

E aqui deixamos uma observação importante: quando falamos de roupa, falamos da ideia coletiva de vestimenta. Nós entendemos mulheres que alegam não querer bolso nas roupas porque adoram carregar uma mochila ou uma bolsa, é legítimo que individualmente a gente adore minissaia e não se incomode em se equilibrar no salto alto. A discussão, entretanto, precisa ser maior do que o nosso gosto pessoal: por que será que a indústria da moda segue criando roupas que aumentam a mobilidade e o conforto masculino e seguem limitando o movimento das mulheres, assumindo que, sim, feminino é sinônimo de sacrifício?

A famosa frase *"I don't think about comfort when I design"* ["Eu não penso em conforto quando crio"] foi dita por Christian Louboutin, idealizador da sola vermelha dos sapatos contemporâneos, em uma evidente alusão aos saltos de Luís XIV. Segundo o estilista, um sapato que nos impede de correr é algo positivo. Mais uma vez, a assimetria entre homens e mulheres é escancarada no debate sobre roupas. Afinal, a restrição da mobilidade não é algo novo, recente, tampouco positivo. Nós nem sequer conseguimos imaginar um homem trabalhando em pé, um dia inteiro, com um calçado projetado para gerar dores nos pés. E, para não parecer exagero, basta nos lembrar como milhares de mulheres se submetem a cirurgias dolorosas e perigosas para conseguirem usar saltos de design como Louboutins.

Parece evidente, portanto, que o sacrifício — cujo espectro vai desde a abdicação do conforto a colocar a própria vida em risco — faz parte do debate sobre moda. E não poderia ser diferente. Afinal, a dor e o sofrimento estão constitutivamente relacionados ao "bom comportamento feminino". Ouvimos e repetimos de maneira sistemática que mulheres são mais fortes e aguentam mais dores, enquanto os homens são fraquíssimos quando estão doentes. Também nos acostumamos a celebrar e valorizar a maternidade — e jamais a paternidade — do sacrifício, romantizando a exploração do nosso trabalho reprodutivo. Por isso, não é nenhuma surpresa que o sacrifício também permaneça pouco contestado no que diz respeito às roupas das mulheres. Precisamos com urgência desnaturalizar essa ideia.

A intelectual Susan B. Kaiser nos ensinou que a moda é um constante processo social de negociação e navegação por códigos previamente estabelecidos. Estamos sempre nos confrontando com eles, nos conformando a eles ou nos rebelando contra esses códigos por meio da moda. Quando uma menina veste um vestido e, pela primeira vez, percebe como essa roupa a limita — com o vestido ela precisa sentar direito, não pode se abaixar descuidadamente e fica mais difícil correr —, ela aprende desde aquele momento que seus coleguinhas meninos vão conseguir circular com mais liberdade pelo mundo. E o mais grave: é levada a acreditar que isso é natural.

GOSTAMOS OU NÃO DE SALTO ALTO?

O salto alto divide opiniões. Algumas pessoas não aguentam nem olhar para um, talvez traumatizadas pela imposição de seu uso no trabalho por anos sem fim. Outras sentem que não se arrumaram o suficiente se a roupa não for finalizada com um salto. Para outras tantas, ainda, o salto alto é uma espécie de amuleto utilizado em ocasiões especiais que requerem um pouco mais de autoconfiança. Tem mulheres que amam e se sentem muito bem quando estão de salto. Mas, para muitas, colocar um salto alto representa quase uma violência com o próprio corpo.

No Japão, as mulheres recentemente decidiram brigar pela não obrigatoriedade de salto para trabalhar — o que era uma imposição formal em quase todos os escritórios até então. Em 2019, milhares de mulheres assinaram uma petição e entregaram ao ministro do Trabalho japonês demandando uma lei que proibisse essa exigência nos locais de trabalho. As mulheres japonesas se mobilizaram por meio da hashtag #KuToo, um trocadilho a partir do movimento #MeToo e das palavras japonesas *kutsu*, que significa sapato, e *kutsuu*, que significa dor. Houve diversos protestos organizados em empresas para acabar com a imposição, considerada pelas mulheres uma manifestação violenta do patriarcado.

Concordamos que o salto alto não é algo ruim por princípio, ou seja, não há uma essência própria do sapato de salto que nos permita defini-lo como algo a ser necessariamente repudiado. Para muitas pessoas, o salto alto pode representar coisas incríveis, aliás. No Japão, um documentário de 2016 chamado *High Heels Revolution!* [A revolução do salto alto] contou a história da transição de gênero de Natsuki. A protagonista, desde muito nova, se identifica como menina, apesar de ter nascido com um pênis em uma sociedade conservadora que impõe a masculinidade a partir dessa característica corporal. Para Natsuki, o salto alto representa a liberdade de ser quem ela deseja e de se apresentar socialmente de acordo com a sua identidade de gênero.

Em especial quando falamos de roupa, é bem difícil que uma peça carregue um valor, positivo ou negativo, em si mesma. Faz parte da nossa proposta crítica aqui subverter esses supostos valores que tentam nos enfiar goela abaixo. E, para isso, não é suficiente apenas trocar uma normativa por outra — ou seja, a resposta política para a imposição do salto alto como o único código aceitável para mulheres profissionais não pode ser simplesmente a sua rejeição. Subverter o código significa se apropriar dele e usá-lo da maneira que faz mais sentido para nós a partir do questionamento da maneira como esses valores são construídos. O que não dá é naturalizarmos as regras de vestimentas baseadas em construções impositivas de gênero tão presentes no mundo do trabalho formal. Até os homens — aliás, principalmente os homens! — podem se juntar nessa: imaginem que genial se Sarkozy, o ex-presidente francês, tivesse se apropriado com orgulho dos sapatos de salto que usava, em vez de tentar disfarçá-los e fingir que não era adepto desse tipo de calçado?

BINARIEDADE MASCULINA E FEMININA: SUBVERSÃO OU SUPERAÇÃO DOS GÊNEROS?

A ideia de binariedade no feminismo está relacionada à teoria de gênero e às ideias de masculino e feminino. Também pode estar associada à sexualidade para se referir à hetero e à homossexualidade, apesar de cada vez mais avançarmos na compreensão de que a sexualidade é muito mais um espectro do que caixinhas predeterminadas. Em um artigo de 1984, a socióloga estadunidense Gayle Rubin cunhou a expressão sistema sexo/gênero para diferenciar o que ela entendia como uma realidade biológica — ou seja, o sexo — de uma construção social — isto é, o gênero. Desde então usamos o termo gênero para designar as construções sociais do masculino e do feminino, frequentemente atribuídas à natureza.

Falamos, por exemplo, que "meninos são melhores em exatas", como se isso se devesse a algum tipo de determinismo biológico, e não ao fato de que meninos são socializados desde novos a se dedicarem a essas matérias. Enquanto isso, meninas são comumente desestimuladas a se identificarem com disciplinas de exatas na escola. O sistema sexo/gênero elucida que as supostas diferenças naturais entre homens e mulheres são, em sua maioria, decorrentes da forma diferenciada como socializamos meninos e meninas. Não é exatamente uma ideia nova. Como vimos, em 1792, Mary Wollstonecraft, que lutou pela expansão dos direitos universais às mulheres, já argumentava nesse mesmo sentido, apesar de utilizar outro vocabulário, e demandava que os revolucionários franceses incluíssem a demanda de um sistema de ensino universal que educasse meninos e meninas nos mesmos termos.

Há, contudo, quem critique a teoria de gênero por achar que ela reforça a binariedade entre masculino e feminino — e aqui não estamos falando dos fundamentalistas religiosos que rejeitam o que eles chamam de "ideologia de gênero" por acreditarem que "deus criou machos e fêmeas". Não é sequer possível dialogar como esse tipo de afirmação, pois dogmas são caracterizados pela incapacidade de serem contra-argumentados. Se deus criou machos e fêmeas, então a discussão está encerrada. Mas daí ficamos presas à imposição de ideologias religiosas que em nada nos ajudam a enfrentar as questões relevantes para a sociedade.

A crítica à teoria de gênero que nos interessa é a vocalizada por nomes como Judith Butler, Paul Preciado, Teresa de

Lauretis e Octavia Butler, e se concentra em rejeitar a ideia de gênero por representar mais um reforço da binariedade. Para esses autoras, demandar que "meninas possam fazer coisas típicas de meninos" não é nem de longe emancipador o suficiente. O que precisamos é acabar de vez com as ideias de masculino e feminino em si e desconstruir totalmente os gêneros. Tentar "subverter os gêneros" é apenas mais uma forma de reconhecer a legitimidade e a autoridade desse sistema, ainda que por meio de sua contestação. No feminismo queer, o que se quer é a pulverização do masculino e do feminino.

Na moda, tal abordagem se traduziria em roupas que não fossem classificadas por gênero. Seria, portanto, ir além da ideia de nos apropriarmos dos símbolos tipicamente associados às roupas "de homem". Porém, trata-se de um pensamento não tão simples de ser executado. Podemos começar pensando quantas vezes ouvimos e vimos coleções que se autodenominavam como "sem gênero", mas que, na verdade, apenas tentavam uma inversão de gênero: saia (sempre ela) para homens e roupas largas e oversized para mulheres. Isso não é roupa sem gênero, né? Assim começa uma dificuldade enorme de se lidar com o não binarismo: o problema não diz respeito à modelagem da roupa (talvez até à grade de tamanhos, mas não à variedade de modelagens). O problema é anterior a ela, ou seja, o desafio mais complicado está em não ler cada peça de roupa como feminina ou masculina.

É natural que corpos diferentes se acomodem de maneiras diferentes em peças mais ajustadas, por exemplo, o que representa um desafio para se pensar em medidas capazes de se adequar. Mas isso, em tese, é fácil de resolver. Podemos aprender com a maneira como a calça jeans é vendida nos Estados Unidos: há modelagens específicas para acomodar o corpo de quem é mais alto ou de quem é mais curvilíneo, viabilizando uma calça skinny para o corpo não feminino com pouca cintura ou até mesmo scarpins para pés tamanho 45. Por aqui, sempre acreditamos que a parte física dos problemas é a mais fácil de se resolver — basta ter vontade e um pouquinho de criatividade. A parte difícil de se criar roupas sem gênero é mudar uma sociedade inteira. Olharmos para uma roupa e não acionarmos automaticamente uma classificação de gênero é o maior desafio.

Quando falamos em roupa infantil, o comportamento é o mesmo. Quantas mulheres já vimos dizer que não queriam saber o sexo do bebê durante a gravidez e, por isso, optaram por roupas "sem gênero", o que significava roupas mais masculinas que femininas? Se realmente não pensássemos em gênero na compra dessas roupas, o bebê ganharia tanto saias quanto calças, tanto peças cor de rosa quanto azuis. Mas não. Ao falar de roupa sem gênero, nos referimos às roupas não femininas, e isso apenas reforça a masculinidade como norma e posição neutra.

De alguma maneira, sempre achamos a roupa tradicionalmente masculina mais digna e relevante que a feminina. É mais aceitável que as meninas vistam azul que meninos vistam rosa. Mulheres podem testar o uso de elementos considerados masculinos na roupa — todo mundo sabe que jamais seremos lidas da mesma forma que os homens —, mas quando homens se apropriam de elementos considerados femininos colocam sob questionamento a sua própria masculinidade. Coleções de roupa agênero fazem "roupa de homem para mulheres", mas é raro que vejamos homens com "roupas de mulher" fora do Carnaval, como se fosse uma "fantasia".

Uma roupa com gênero neutro seria, na verdade, uma que transitasse entre feminino e masculino sem se rotular, funcionando em corpos cis e trans, masculinos, femininos e não binários, gêneros fluidos e definidos, sem sequer precisar se nomear. E isso não existe. Até uma camiseta lisa é feita de maneiras diferentes na maioria das lojas que vende roupas "masculinas e femininas".

Não temos uma solução, mas temos a pergunta e adoraríamos participar da discussão: como acabar com a ideia de feminino e masculino e desconstruir totalmente a ideia de gênero na moda? Estamos junto com as feministas queer, que não querem apenas subverter o gênero — ou seja, não reivindicam apenas o uso de "roupa de homem" — mas que sonham com a total obliteração do feminino e do masculino para as roupas. Talvez até para a sociedade, quem sabe? Em vez de buscar a subversão por meio de "elementos masculinos usados por mulheres e elementos femininos usados por homens", o ideal seria apagarmos por completo essas noções, criando uma moda sem quaisquer marcas de gênero. E isso começa na sociedade. A roupa, sozinha, mais uma vez, não resolve o dilema, mas pode nos ajudar a endereçá-lo.

A FALSA NEUTRALIDADE DO HOMEM

Hoje nos parece uma constatação quase óbvia que os códigos associados ao que socialmente construímos como o universo masculino são sinônimos de neutralidade. Cores sóbrias, camisa branca de botão, blazer e terno são exemplos de roupas que as mulheres costumam usar quando não querem chamar a atenção e buscam ser "levadas a sério", ainda que nem sempre se sintam mais à vontade assim. Esses símbolos do masculino parecem nos ajudar a pertencer um pouco mais aos ambientes de trabalho estruturalmente excludentes do nosso gênero. É como se, por meio das roupas, a gente conseguisse um pouco do privilégio masculino, como se ele fosse um perfume que borrifamos sobre a pele e que se mantém válido até que troquemos de look.

Em algumas profissões, já naturalizamos tanto esse tipo de estratégia que nem sabemos ao certo se gostamos do estilo quase masculino ou se apenas nos acostumamos com ele. Somos demandadas a nos comportar "como homens" com tanta frequência que o uso de códigos socialmente construídos como referências do feminino nem sequer faz parte do horizonte de possibilidades. Cores vibrantes, estampas, sandálias, decotes e lenço amarrado no cabelo, por exemplo, não são bem-vindos nem na recepção em muitos ambientes de trabalho. Muitas mulheres ficam tão cansadas de remar contra a maré que acabam capitulando contra a vontade e adotam uma estratégia mais pragmática de se vestir de maneira a chamar menos atenção possível.

Essa associação entre a suposta neutralidade masculina e o mundo do trabalho tem raízes históricas profundas, conforme vimos no primeiro capítulo. Há, contudo, um momento recente na história que aprofundou tal dimensão: o período entreguerras, comumente referido como a "entrada da mulher no mercado de trabalho". É evidente que, como bem nos ensinou bell hooks, essa caracterização reforça a lógica de dominação masculina branca, uma vez que não apenas grande parte das mulheres já trabalhava muito no ambiente doméstico, como também às mulheres não brancas sempre se impôs a necessidade de trabalho fora de casa, desde o trabalho expropriado das mulheres escravizadas até o trabalho precarizado das mulheres em setores econômicos considerados subalternos. Na Europa, as mulheres brancas e pobres também não cuidaram exclusivamente do lar, dado que boa parte delas ocupava também o chão de fábrica.

O que acontece a partir dos anos 1950 é que as mulheres brancas das classes médias e altas passam a reivindicar o espaço público do trabalho até então atribuído exclusivamente aos homens brancos. O que vemos, então, é uma das mais significativas transformações tanto nos papéis de gênero quanto nas roupas das mulheres, o que mais uma vez indica a forte relação entre essas duas frentes. As últimas sete décadas produziram várias pequenas e grandes revoluções para nós. Ganhamos o direito de nos divorciar e começamos a usar calças. Vocalizamos a necessidade de reconhecimento e distribuição das tarefas dentro de casa e queimamos nossos sutiãs. Demos visibilidade à violência doméstica e abandonamos a obrigatoriedade do salto alto. Fomos pioneiras ao ocupar cargos antes só preenchidos por homens, e adotamos cortes de cabelo bem curtos.

Apesar de tais avanços, a associação entre o mundo do trabalho e os padrões de comportamento masculinos permanecem indubitavelmente estabelecidas. Devemos trabalhar como os homens, buscar espaços de poder da mesma maneira que fazem os homens e liderar conforme os modelos masculinos. A roupa, nessa conversa toda, é apenas a consequência e uma manifestação mais concreta dessa lógica. O modelo de sucesso que conhecemos é ainda masculino: guerras, conquistas individuais, opressões, assédios, abusos, uma vida pública completamente descolada da vida privada e parâmetros de sucesso que não consideram a divisão equilibrada das tarefas domésticas.

Não por acaso, as mulheres ainda acreditam que o blazer e a camisa vão resolver todos os problemas do mercado de trabalho, uma vez que a regra parece ser imitar o masculino para que sejamos legitimadas. Se não há modelos diferentes de sucesso, se não há liderança sem abuso, se não conhecemos um mercado de trabalho que se preocupa também com a economia do cuidado, acabamos concluindo que não podemos ser mulheres naquele espaço. Toda e qualquer maneira de se fantasiar de homem se faz necessária sob esse viés. E aí, intuitivamente, concluímos: se eu me "fantasiar de homem" vão esquecer que sou mulher? Que posso querer ou não ter filhos? Que posso querer ou não liderar de maneira menos agressiva? Que posso acreditar em outras medidas de sucesso e não achar legítimo trabalhar sessenta horas por semana já que eu também sou responsável por diversas tarefas domésticas?

Logo percebemos, contudo, que nenhuma fantasia, nenhuma mimetização de homem, por mais fidedigna que seja, será capaz de nos transformar em homens de verdade. Jamais acessaremos os mesmos privilégios que eles. Diversos são os exemplos de mulheres públicas que cumpriram à risca o dress code masculino e, mesmo assim, seguiram sofrendo com a falta de equidade de gênero. Se vestir como homem não resolve a misoginia, não cura o machismo, tampouco nos coloca em pé de igualdade no mercado de trabalho.

Um exemplo de que não basta usar certas roupas para alcançar o status masculino é o "se vestir como homem", isto é, copiar fidedignamente as roupas associadas à masculinidade, como por exemplo, o terno e a gravata. Uma pessoa socialmente construída como mulher em uma roupa formal de trabalho socialmente construída como masculina não é aceita com tranquilidade no ambiente profissional. Ainda que uma mulher escolha usar roupas consideradas masculinas, sua iniciativa não será lida como um padrão de comportamento esperado. Não adianta acharmos que é possível apenas fazer uma espécie de cosplay de homem e vestir um terno feito para homens que o acesso ao privilégio masculino nos será disponibilizado.

Aqui, não estamos falando das versões femininas de roupas masculinas, nem de cortes masculinos em roupas feitas para mulheres. Conforme nós fomos questionando o nosso confinamento ao lar (um confinamento estrutural, apesar de nem sempre real, como visto) e buscando ocupar o espaço público, fizemos isso também por meio da apropriação de alguns códigos masculinos. Perceba, porém, que essa apropriação trouxe consigo uma constante reafirmação dos limites da estratégia. Podemos até conseguir incorporar parte dos códigos masculinos, mas jamais os acessaremos em sua totalidade. Conseguimos, portanto, nos apropriar de alguns elementos masculinos, desde que não criemos tensão a ponto de questionar a distribuição de privilégio no espaço público. Transformamos o terno dos homens em terninho para as mulheres. Até podemos querer ser iguais aos homens brancos, desde que saibamos e aceitemos que jamais o seremos de fato.

Ao contrário, um dos problemas mais comumente enfrentados no ambiente de trabalho por pessoas não binárias ou queer — pessoas que não se identificam com a heterossexualidade, nem se conformam ao sistema cisgênero, que impõe um alinhamento total entre sexo biológico, orientação sexual heteronormativa e identidade social cumpridora das expectativas culturais preestabelecidas para homens e mulheres — é precisamente o da roupa.

Diversas são as pesquisas acadêmicas que nos mostram os desafios das mulheres LGBTQIA+ que precisam navegar pelos códigos escritos e não escritos que ditam as regras de como se vestir no trabalho. Uma das reclamações mais recorrentes diz respeito à dureza das negociações entre revelar ou esconder sua identidade sexual e de gênero por meio da roupa. É provável que uma pessoa que é lida socialmente como mulher, por exemplo, enfrente resistência em ambientes formais se quiser se vestir com roupas culturalmente atribuídas aos homens, ainda que sejam vestimentas mais confortáveis e que façam mais sentido para aquela mulher. A regra não escrita mas imposta de fato é bastante evidente: as mulheres cisgênero precisam tentar o máximo possível mimetizar os homens, sem jamais pretender ser idênticas a eles. É como se existisse uma linha invisível entre "vestir-se como mulher" e "vestir-se como homem" e, em especial no mundo do trabalho, é esperado que a mulher se aproxime ao máximo dessa linha, sem, contudo, ultrapassá-la. Isso significa que, por essa imposição sufocante e limitadora, até podemos — e devemos — usar alguns códigos masculinos, mas sem abandonar as marcas que nos apresentam como mulheres.

E ISSO LÁ É JEITO DE UMA POLÍTICA SE VESTIR?

Para entendermos como é profunda a tensão entre "precisar se vestir como homem" sem poder ser "masculina demais", vamos ilustrá-la com três exemplos. Em 2008, a chanceler da Alemanha, Angela Merkel, foi à ópera com um vestido decotado. Estava com 54 anos e exercia o mais alto cargo de um dos mais poderosos países europeus. Não estava, tecnicamente, no ambiente de trabalho, mas o seu cargo político a colocava em posição de permanente representação do país. Até hoje, não encontramos nenhum estudo científico ou acadêmico que relacione o tamanho do decote com a capacidade de governar, tampouco há qualquer norma nas leis alemãs que limite a exposição do colo de senhoras acima dos cinquenta anos. Mesmo assim, o decote de Merkel para ir à ópera se tornou tamanho escândalo nacional que obrigou o porta-voz de seu partido a se pronunciar a respeito do "incidente". Nas eleições seguintes, um partido de oposição fez uma campanha que usava a foto de Merkel com o vestido decotado e trazia a frase "Nós temos mais a oferecer".

Mas também, quem mandou uma chanceler usar decote, não é mesmo? Até aqui, já deve ter ficado óbvio que nunca estamos vestidas de modo adequado, mas temos mais um exemplo. No verão de 2012, a ministra de Habitação francesa, Cécile Duflot, usou um vestido branco e azul florido completamente banal, sem decotes ou qualquer outro "problema", para um discurso na Assembleia Nacional, mas sua roupa virou motivo de ataque e machismo declarado na França. Entre risos e deboches de seus colegas do Parlamento, a ministra mal conseguiu falar. O deputado conservador Patrick Balkany chegou a dizer a seguinte frase: "Talvez ela tenha colocado esse vestido para que não nos concentrássemos em escutar o que tinha a dizer".

A culpa de tudo isso? Elementos femininos na roupa. E de que elementos estamos falando, nesse caso, já que o vestido não tinha decote, não era justo nem sequer curto? A estampa florida azul. Se o mesmo vestido fosse preto ou cinza ou azul-marinho, sem dúvida a polêmica não teria acontecido. A modelagem era extremamente tradicional, o tecido era nobre — como manda o código de formalidade — e, não fosse a estampa, ele mal seria notado. Abandonar a "neutralidade masculina" nos custa mesmo muito caro.

E chegamos por fim no terceiro exemplo desta tragédia com o caso de Carme Chacón, a ministra da Defesa espanhola entre 2008 e 2011, que foi hostilizada por usar um conjunto preto de blazer e calça para ir a um evento oficial do governo. O traje nem sequer era uma cópia fiel da indumentária masculina. Ainda que usasse códigos que se aproximassem do terno, a coordenação era composta de cintura marcada, salto alto e maquiagem. Chacón inclusive se certificou de que o traje era protocolarmente aceito, pois considerava já estar rompendo com tradições suficientes ao ser a primeira mulher a comandar a pasta. Não só isso, mas Chacón também foi a primeira mulher a fazer um discurso ao rei, e, ainda assim, o assunto mais comentado daquela noite, em janeiro de 2009, foi a roupa escolhida por ela.

Temos aqui, portanto, um enigma aparentemente difícil de compreender. Conquistamos a possibilidade de usar os códigos masculinos e ganhamos alguns pontos na disputa simbólica por certo espaço na esfera pública. Mas se formos ler com cuidado as letrinhas pequenas do contrato de adesão que nos deram, perceberemos que as condições de acesso são traiçoeiras: se por um lado não podemos ficar em casa cuidando dos filhos, por outro não somos permitidas a ter uma supercarreira. A nós nos resta trabalhar timidamente, ganhar apenas uma fração do que os homens brancos ganham, não disputar espaços de liderança e estar sempre disponíveis para a família.

É na roupa de trabalho que está a maior alegoria dessa dinâmica de distribuição dos papéis sociais de gênero, pois é exatamente esta a descrição da roupa que a gente julga apropriada para a mulher: que marque nossas curvas e "valorize" nossa feminilidade, mas sem chamar atenção demais; que não fuja tanto dos códigos do armário do homem branco ocidental; que não seja mulherzinha demais, só que *tomboy* também não pode, não. No fim das contas, a roupa, na verdade, é só uma consequência de um problema maior, e a gente reproduz nas vestimentas o mesmo modelo de pensamento que usamos para definir a nossa carreira — ou a ausência dela.

Não nos surpreende, portanto, que exista uma neutralidade associada aos homens. Se por um lado nos parece bastante evidente como ela foi associada a eles e como forja ambientes de trabalho bastante hostis às mulheres, por outro ainda nos falta entender melhor por que essa associação existe, como ela é reproduzida e sustentada do ponto de vista sistêmico. Precisamos investigar por que a ideia de neutralidade é tão intrinsecamente associada ao masculino. Não apenas isso, mas é necessário também compreender como a suposta neutralidade das roupas construídas socialmente como masculinas é um mecanismo potente de preservação do privilégio dos homens. Afinal, é por meio desse valor da neutralidade que construímos o que é associado ao universo masculino como a regra geral, reforçando a posição secundária de tudo aquilo que está fora desse universo.

UM TERNINHO NÃO É UM TERNO

Em 1995, na primeira Conferência Mundial de Mulheres, em Pequim, a então primeira-dama dos Estados Unidos, Hillary Clinton, terminou o seu discurso dizendo que direitos humanos são os direitos das mulheres e que os direitos das mulheres são direitos humanos. O assunto mais comentado da sua participação, contudo, foi o blazer rosa-claro que ela usava quando proferiu o que se tornaria um dos mais famosos slogans do feminismo liberal. Para muitas otimistas, aquela roupa representava um passo definitivo no avanço das mulheres na política — era uma alegoria da nossa conquista de espaços até então dominados pelos homens. Um quarto de século depois, vemos que o blazer rosa-claro jamais chegou perto de ter o mesmo significado de um terno masculino. Mas por que não?

Parece ser senso comum a noção de que há algo no terno que inspira poder. E não é por acaso que essa associação se estabeleceu tão profundamente. Até hoje, diversas mulheres escolhem vestir no trabalho itens que remontam à ideia do terno, feitos, a princípio, para ser usados por homens. Diversas pesquisas, no entanto, mostram como mulheres lésbicas e de gênero não conforme enfrentam resistência no local de trabalho quando se vestem de maneira mais próxima à dos homens.

Nós já vimos aqui como a neutralidade é associada ao gênero masculino e como essa ligação, que constrói e reforça seu privilégio no mundo do trabalho, permanece tão arraigada justamente porque é reproduzida pelas roupas em nosso cotidiano. Thais Farage trabalha com moda e lida todos os dias com clientes que repetem, sem se dar conta do motivo, que nunca se sentem bem-vestidas no trabalho. Por isso, também sem perceber, ela começou a invejar o terno masculino. Foi ficando fã, achando cada vez mais prático, charmoso e até sexy, mas demorou a entender que o código "terno" havia sido criado e legitimado culturalmente, por séculos, e que todo o drama feminino com a vestimenta partia dele — ou do simbolismo criado por ele.

Segundo a historiadora estadunidense Anne Hollander, no livro O *sexo e as roupas*, é de fato impossível pensar na vestimenta sem levar o gênero em consideração. Para começar, vale pensar que o terno — e a gravata, o colete, o sobretudo, a camisa, o paletó, o sapato social — é o traje masculino civil padrão em praticamente todo o mundo. Com exceções de políticos de países fora da hegemonia ocidental em reuniões da ONU, a imagem que temos do poder e da formalidade é a de homens de terno.

Ainda assim, há casos como o de Javad Zarif e de Mahmoud Ahmadinejad, respectivamente ministro de Relações Exteriores e ex-presidente do Irã, que também se vestem de camisa e paletó, mas se recusam a usar gravata. Aliás, esse é um exemplo interessante do papel das roupas na construção de uma identidade coletiva. Desde a revolução de 1979 no país, as lideranças políticas iranianas masculinas adotaram vestimentas próprias da tradição muçulmana. Nós jamais encontraremos uma foto do aiatolá Khomeini de terno, por exemplo. Há pouco tempo, contudo, os homens públicos iranianos passaram a adotar o paletó como vestimenta formal dos espaços de poder, mas sem aderirem à gravata. Até hoje, no Irã, a gravata, que desde a revolução fora oficialmente banida, é vista como uma ocidentalização exagerada e uma maneira submissa de se vestir. Olha quanto simbolismo uma única peça pode carregar!

O antropólogo e ativista David Graeber tem uma ótima reflexão sobre as gravatas, aliás. Em um famoso artigo no

The Baffler, em 2015, ele se debruçou sobre algo que, em um primeiro momento, parece um paradoxo: tudo no terno tem uma função e foi pensado para ser prático no dia a dia do homem burguês, menos a gravata. Essa peça do vestuário não serve, por exemplo, para prevenir as calças de caírem, nem cobre alguma parte do corpo. Não bastasse isso, é desconfortável pra caramba. Se, por um lado, a gravata parece arrematar o ensemble do terno, ela também se destaca como algo bastante diferente do resto da roupa. Afinal, os ternos em geral são escuros, sóbrios e sem graça, mas a gravata é o espaço em que cores e estampas divertidas podem aparecer. A pergunta que o antropólogo faz é: por que uma peça que parece se contrapor ao restante da roupa é justamente aquilo que representa melhor a mensagem que o terno passa?

Para responder à pergunta, Graeber retoma Foucault e as tecnologias de poder por ele descritas. Basicamente, segundo o filósofo, existem duas formas de exercer poder que coexistem e podem ser combinadas. É possível exercer o poder de modo personalizado, deixando evidente quem o detém por meio de símbolos que o representam, como o uso da coroa e do cetro pelo rei. O poder também pode se manifestar de maneira despersonalizada, por meio de tecnologias de controle burocratizadas em práticas dispersas em agentes diversos. Uma das marcas da transição para a Modernidade é essa segunda forma, a despersonalização do poder político. Até o poder de governantes, que antes era completamente relacionado ao rei, a quem ele de fato era, passa a ser tratado como uma cadeira vazia, que pode ser ocupada por qualquer um apto à função.

A modelagem larga da calça do terno, combinada com o tecido mais encorpado que em geral se usa e com a braguilha invisível, apaga completamente o pênis, que nem chega a ser sugestionado. Isso representa uma grande mudança com relação aos tapa-sexos e às calças collants que os homens pré-modernos usavam, vestimentas que demarcavam muito o volume entre as pernas. Mas, se o pênis biológico é apagado no terno, surge em seu lugar outra figura fálica. A gravata seria, portanto, para Graeber, um deslocamento simbólico do pênis — um pênis intelectualizado, que se pendura não na virilha, mas na cabeça de alguém. Perceba que, segundo essa interpretação, o terno conseguiria exercer os dois tipos de poder ao mesmo tempo, escondendo o pênis, mas também o revelando de maneira simbólica na gravata, que pode chamar o máximo de atenção possível para si. É como um general que passa sua tropa em revista e manda todos os soldados olharem para o horizonte, proibidos de direcionarem seus olhares ao comandante, enquanto este estampa no peito todas as suas condecorações.

Anne Hollander observa que as roupas constituem um fenômeno social, e o terno masculino segue praticamente idêntico há duzentos anos. Isto nos permite perceber que a capacidade de permanência da alfaiataria masculina é uma prova das possibilidades de autoafirmação da linguagem visual. Em outras palavras, a permanência do terno masculino no mundo do trabalho acompanha e espelha o pertencimento inquestionável do homem àquele espaço. Essa peça do vestuário tem força simbólica própria e um poder particular para se perpetuar — nos mesmos moldes, vejam só, da dominação masculina. E, enquanto todo o restante da moda, inclusive a masculina, sofre enormes revoluções justamente para reinventar símbolos antigos, já desgastados pelo tempo, a alfaiataria do terno adquire cada vez mais força, sem jamais perder aceitação ou valor. Enquanto as outras peças têm o destino comum de cair em desuso, o terno vem há duzentos anos ampliando sua presença e aprofundando suas raízes.

Além do símbolo falocêntrico da gravata, o terno também fecha o corpo do homem e o protege da exposição. A camisa é fechada com botão até o pescoço, os punhos são protegidos por abotoaduras e é até possível, por causa da braguilha, usar o pênis sem nem precisar se desfazer do cinto que segura as calças em seu lugar. A braguilha, inclusive, é uma invenção da revolução industrial, criada para que o homem burguês pudesse urinar rapidamente. Já as nossas roupas, mesmo quando escondem uma parte do corpo, ainda assim sugestionam algo: a saia tem fenda, a camisa é desabotoada em cima, o tecido tem mais transparência e o corte é mais ajustado ao corpo. O irônico disso tudo é que, quando estamos peladas, nós, mulheres, conseguimos esconder o órgão genital com mais facilidade do que os homens. Um homem nu tem o pênis pendurado para fora, pronto para ser arrancado a qualquer momento, ao passo que nós temos tudo bem guardadinho dentro de nós, protegido pelos grandes lábios. Nossa vulva é superdiscreta, e quem a vê nem imagina o tanto de coisa que tem lá dentro.

Assim, o terno, essa inovação estética que serviu à consolidação da dominação masculina branca, se construiu como o reflexo tanto da virilidade como da racionalidade. A simplicidade do corte e dos tecidos do terno passou a ser tão celebrada quanto os homens no espaço público, ao mesmo tempo que o desprestígio das roupas elaboradas — com suas anáguas, bordados, golas, punhos, broches e saltos — acompanhou o recolhimento da mulher burguesa ao lar, como um belo enfeite à família. O terno rechaça a estética aristocrática — impregnada de valores derrotados durante as revoluções burguesas — e abraça contornos que remetem à ação e ao trabalho. Sabe por quê, em inglês, o blazer masculino é chamado até hoje de *sports jacket* (ou paletó para esportes)? Porque a origem da vestimenta é inspirada no modelo de roupa dos praticantes da caça esportiva. O homem burguês é ativo, dinâmico e capaz de transformar o mundo com suas próprias mãos — e deve, portanto, usar uma roupa que transmita essa mensagem.

Evidentemente, muita coisa aconteceu nos últimos três séculos, e testemunhamos transformações profundas na roupa das mulheres. As mudanças significativas que ocorreram na distribuição dos papéis sociais de gênero foram ora acompanhadas por verdadeiras revoluções nas nossas vestimentas, ora precedidas por elas. Vimos ainda como o período do pós-guerra, que consolidou em definitivo a entrada das mulheres brancas no mundo do trabalho, também viu as roupas femininas ganhando formas e estilos até então inéditos.

Não à toa, foi no início dos anos 1980 — com a as mulheres ocupando cada vez mais os espaços públicos e, pela primeira vez na história, lutando por espaços de poder tradicionalmente masculinos — que apareceu e se consolidou o termo *power dressing*. Foi John T. Molloy, o autor do best-seller *Dress for Success*, que disseminou oficialmente a ideia de que o jeito que a gente se veste afeta de maneira direta o sucesso ou o fracasso na carreira. Quando o livro foi lançado, em 1975, Molloy tratou apenas da roupa masculina, ainda alheio às mudanças que ocorriam no mundo do trabalho. Logo em seguida, dois anos depois, o autor lançou a versão feminina do livro, criando assim o conceito de *power dressing*.

Para as mulheres, o *power dressing* nada mais é que deixar elementos femininos fora da roupa e adaptar o dress code masculino ao corpo feminino — ou seja, ao terno. A princípio, esse modo de vestir foi inventado para as mulheres que desejavam ocupar cargos políticos. Percebam, porém, que o *power dressing* para uma mulher da política que é eleita ao Parlamento ou que é nomeada para ocupar um ministério não é, nem nunca foi, igual ao código de vestimenta de uma primeira-dama. Isso nos mostra que não se trata só de gênero, mas também da posição de poder que cada mulher pretende ocupar. Se o objetivo é ocupar "lugares masculinos", a regra é se vestir como eles, quase como se a roupa pudesse fazer o ambiente nos perdoar por sermos mulheres e não homens.

Seguindo essa ideia de as mulheres se vestirem mais como os homens, criou-se o tailleur — e ninguém ilustra melhor esse tempo e esse look que Margaret Thatcher. Além de adotar o tailleur, a primeira-ministra inglesa treinou para engrossar a sua voz, considerada aguda demais, para conseguir imprimir poder e respeito. Assim como acontece ainda nos dias de hoje, a pouca representatividade feminina na política e a associação esperada entre homens e poder pela repetição à exaustão do mesmo código masculino levavam a crer que se "vestir como homem" era apenas um jeito de comunicar visualmente o fato de ser tão poderosa — e também competente e respeitável — quanto eles.

Vale destacar que, muito antes de *Dress for Success*, do *power dressing* e de Margaret Thatcher, a história já estava cheia de casos bem conhecidos de mulheres que precisaram da ajuda da roupa para ocupar posições de poder em espaços hegemonizados por homens. A primeira imperatriz chinesa a governar por conta própria, Wu Zetian, ainda no século VII, usou mantos imperiais tradicionalmente masculinos não só na cerimônia de coroação, mas em todo o seu reinado. Antes de Wu Zetian, Suiko, a imperatriz japonesa do final do século VI, usara o mesmo artifício. Impossível não mencionar Joana d'Arc, talvez o maior exemplo de "se vestir de homem" do nosso imaginário. A grande liderança militar francesa da Guerra dos Cem Anos cortou o cabelo e mudou as vestimentas para integrar o Exército, um espaço até hoje extremamente masculino — no Brasil, por exemplo, apenas em 2012 (sim, 2012, exatos 583 anos depois de Joana d'Arc ter liderado o Exército francês) foi permitido o ingresso de mulheres na linha bélica das Forças Armadas.

O USO SUBVERSIVO DAS CALÇAS

O uso do terno nos remete a um estágio anterior da resistência das mulheres, uma luta que tivemos de travar por séculos — literalmente — até vencermos: o direito de usar calças. Ainda na metade do século XIX, quando as sufragistas se organizavam na luta pelo voto feminino, algumas participantes do movimento viram a necessidade de incluir as roupas em suas demandas políticas. Afinal, os espartilhos apertados e as anáguas estruturadas se tornavam ainda mais desconfortáveis no momento de tomar as ruas, protestar e fazer piquete segurando cartazes. Uma dessas mulheres foi Elizabeth Smith Miller, nos Estados Unidos, que desafiou as normas da época e passou a usar calças no dia a dia, incentivando as mulheres da época a se libertarem das saias pesadas. Aos poucos, a chamada luta pela reforma dos vestidos ganhou corpo junto às sufragistas, e a demanda pelo direito de usar calças foi pela primeira vez politicamente elaborada.

Embora fosse um começo, o uso de calças por mulheres se manteve como uma das trincheiras da resistência por bastante tempo — muito tempo *mesmo*. Veja só o caso do Le Smoking, o icônico terno criado em 1966 por Yves Saint Laurent especialmente para mulheres. Suzy Menkes, editora do *International Herald Tribune*, colunista do *New York Times* e uma das mais importantes jornalistas de moda do mundo, faz uma análise pertinente da profundidade da transformação mobilizada pelo smoking. Ela nos lembra que, apesar de hoje termos naturalizado mulheres de terno e calça comprida, nos anos 1960 o smoking foi uma verdadeira provocação sexual motivada pelas mulheres que então se mobilizavam para questionar os papéis sociais de gênero impostos.

Parece chocante, mas, no Brasil, foi só durante a presidência de José Sarney, após os anos de ditadura, em 1986, vinte anos depois que o smoking havia ganhado as passarelas, que se permitiu que as mulheres que trabalhavam no Palácio do Planalto usassem calças. Até hoje, advogadas só podem entrar no Supremo Tribunal Federal vestindo calças se também estiverem de blazer, que é dispensado se trajarem saia. No Tribunal de Justiça do Estado de São Paulo, até o ano 2000 (pasmem!), as mais de seiscentas juízas e desembargadoras que lá trabalham — sem contar as outras centenas de advogadas e demais funcionárias — não estavam autorizadas a usar calças.

Quando olhamos para a história da moda e do vestuário, encontramos sem nenhuma dificuldade várias leis e restrições culturais para determinar o que uma mulher pode ou não usar. Nos Estados Unidos, até 1972, meninos e meninas tinham códigos de vestimenta diferentes para frequentar a escola: elas eram obrigadas a usar vestidos. No Brasil, antes de 1997, mulheres eram proibidas de frequentar o plenário do Senado e o Supremo Tribunal Federal se não estivessem de calças compridas, e ainda hoje a Corte proíbe "braços desnudos".

Os códigos de vestimenta, portanto, são definidos muito antes dos gostos ou das tendências estéticas. Quando falamos de estilo, do que gostamos ou não, do que achamos bonito ou feio, do que cai bem ou mal, do que consideramos elegante ou arrumado e do que descartamos como brega ou de mau gosto, já fomos perpassadas por códigos de comunicação que organizam e estruturam hierarquias sociais e que pouquíssimo ou nada têm a ver com percepções individuais. Quando Coco Chanel começou a desenhar calças para mulheres e a se apropriar de cores e caimentos até então impensáveis para nós, ela não o fez apenas porque achava bonito. Chanel tinha a intenção declarada de produzir uma alfaiataria subversiva que se preocupasse mais em comunicar as mudanças que gostaria de ver na sociedade.

O filósofo francês Gilles Lipovetsky, conhecido como o teórico que cunhou o termo hipermodernidade, nos explica que Chanel repudiou o luxo vistoso, liberando a mulher das "fanfreluches e das nove-horas" — uma verdadeira vitória para o armário feminino. Esse foi, talvez, o primeiro momento da história em que a ideia de silhueta feminina deixou de ser homogênea e ganhou uma vertente mais sóbria e confortável — não apenas com Chanel, mas também com Paul Poiret e Jean Patou. A alta-costura seguiu criando vestidos hiperfemininos, chiques e elaborados, mas, para Lipovetsky, viveu-se nesse período uma democratização da moda, em que as mulheres ganharam roupas funcionais para práticas de esporte e atividades de lazer específicas, como ir à praia.

É importante olharmos também para esse recorte porque, no fim das contas, o problema, como temos demonstrado até aqui, nunca é a roupa ou ainda a possibilidade de usar qualquer peça — seja ela tradicionalmente masculina ou feminina. A nossa crítica e o nosso incômodo estão sempre na naturalização do masculino como medida de neutralidade e símbolo de poder. Também nos levantamos contra a normalização do conforto e do design funcional sempre ligado ao guarda-roupa dos homens. Sabemos, obviamente, que as roupas não fazem o trabalho todo sozinhas. Por meio delas, contudo, conseguimos avançar em algumas direções importantes — tanto por meio da exposição das estruturas de poder que queremos desconstruir, quanto por meio do estabelecimento de novos caminhos que ambicionamos experimentar.

3
AS ROUPAS E O ASSÉDIO SEXUAL NO TRABALHO

Este foi um capítulo particularmente difícil de escrever. Não apenas porque o assédio sexual é o tipo de violência que deixa marcas profundas em nós, mas também porque a discussão sobre o tema parece sempre vir acompanhada de uma série de questões muito caras a nós. A vulnerabilidade do corpo feminino em nossa sociedade é uma realidade revoltante que precisamos enfrentar todos os dias. Dentro de casa, em ambientes domésticos e familiares pouco seguros, ao andar na rua e usar o transporte público, ao lidar com um colega de trabalho asqueroso ou tendo de escapar dos tipos desagradáveis na balada, nós somos lembradas o tempo todo de que o nosso corpo está exposto de uma maneira diferente do dos homens. Ao mesmo tempo, o corpo é quase sempre o protagonista do exercício da nossa sexualidade, uma dimensão importante da nossa existência e constitutiva do modo como somos e nos vemos no mundo.

Um grande problema, aliás, é a forma como a discussão da nossa sexualidade está sempre relacionada aos temas da violência e da dominação. Sem falar, é claro, na roupa envolvida nessas discussões. Muitos são os questionamentos que temos a fazer. Por quê, mesmo no dress code formal, é permitido às mulheres mostrarem mais a pele do que aos homens? Por que as peças consideradas sexy não são aceitas na maioria dos ambientes de trabalho, enquanto o estilo romântico é encorajado — porém não respeitado? Como lidamos com a vontade de nos vestirmos de modo a evidenciar mais a nossa sexualidade em uma sociedade que culpa a nossa roupa pelas violências sexuais que sofremos? Por que a roupa consegue exercer um papel tão definidor na sexualização dos corpos das mulheres? Existe, afinal, uma roupa capaz de nos proteger do assédio e de outras violências de gênero?

Como sempre, não é possível encontrar respostas simples para essas perguntas. Mais uma vez, precisamos ir às raízes das questões para entendermos por que ainda precisamos empregar tanta energia em algo muito básico: poder trabalhar sem ser assediada, poder se relacionar afetivamente sem ser submetida a violências físicas e psicológicas, poder andar na rua sem medo de ser acossada, enfim, poder existir e viver sem que o nosso corpo represente uma vulnerabilidade permanente para nós. E, aqui, queremos falar algo diretamente a todas as mulheres que já foram assediadas: você não está sozinha e a culpa não é sua. Somos milhões de mulheres no mundo enfrentando situações de assédio todos os dias e precisamos falar mais sobre isso. Chega de nos sentirmos responsáveis pelas violências que vivemos, chega de nos envergonharmos por sermos vítimas. Seguimos juntas, firmes e fortes.

O TAMANHO DO PROBLEMA

Cada vez mais tomamos consciência da extensão e da gravidade do problema do assédio sexual no trabalho. Desde a explosão do movimento #MeToo no mundo todo — uma mobilização orgânica e sem lideranças, iniciada pela hashtag criada por Tarana Burke, que incentivou e apoiou mulheres a denunciar e expor assediadores —, tomamos conhecimento da infinidade de violências e microagressões diárias às quais as mulheres ainda precisam se submeter para conseguir ocupar o mercado de trabalho. Desde que esse movimento começou a expor assediadores e seus cúmplices, o assédio sexual contra as mulheres deixou de ser algo vivido em silêncio pelas vítimas. A denúncia de práticas sistêmicas de assédio aconteceu, portanto, de maneira genuinamente orgânica, de baixo para cima, a partir da movimentação espontânea de mulheres desorganizadas, mas em mobilização enérgica.

Um avanço importantíssimo que o #MeToo trouxe foi a rediscussão a respeito das fronteiras entre o visível e o invisível na esfera pública, questionando e superando as práticas sociais típicas de uma sociedade machista. Isso significa que questões antes sistematicamente invisibilizadas, naturalizadas e quase imunes à ação do Estado agora estão no centro das atenções públicas. Não só isso, mas as lutas que surgiram para enfrentar o assédio sexual também politizaram as relações profissionais, revelando que a hierarquia no trabalho é correntemente instrumentalizada para a manutenção de práticas violentas que controlam as mulheres nesses espaços. O enfrentamento dessa questão tão séria ajuda a compreender de maneira mais sofisticada e complexa o que é o assédio sexual no trabalho, como ele acontece e por quais tipos de estrutura se reproduz.

E, mais uma vez, as roupas nos ajudam a visualizar e a tornar o debate mais concreto. De acordo com a campanha Chega de Fiu Fiu, realizada em 2013 no Brasil pelo instituto Think Olga, 90% das mulheres já trocaram de roupa pelo menos uma vez antes de sair de casa por medo de sofrer assédio. Não porque somos neuróticas ou porque gostamos de superdimensionar nossas preocupações, mas porque moramos em um país onde 30% dos homens afirmam que a mulher que usa "roupas provocativas" não pode reclamar se for estuprada, de acordo com uma pesquisa conduzida pelo Datafolha em 2016.

Nós, mulheres, sabemos muito bem que o assédio não é um problema novo. Todas temos experiências pessoais ou de conhecidas para compartilhar. Todas estivemos ou conhecemos outra mulher que esteve na posição de vítima de assédio ou importunação sexual, na rua ou no trabalho. Um estudo de 2020 intitulado "O ciclo do assédio sexual no ambiente de trabalho", realizado por meio de uma parceria entre o instituto Think Eva e o LinkedIn, ouviu mulheres de diferentes raças e classes sociais no Brasil sobre o assunto. Os dados são estarrecedores — apesar de terem surpreendido um total de zero mulheres. Entre as profissionais que foram ouvidas, 47% afirmam já ter sofrido assédio sexual no local de trabalho e 78,4% alegaram que a dificuldade de atribuir responsabilidades e o medo de retaliação são as principais barreiras que as impedem de denunciar agressores.

O medo, aliás, funciona como uma verdadeira mordaça para as mulheres vítimas de assédio. *Não posso perder meu emprego. Não quero sofrer ainda mais com retaliações vindas do meu superior e daqueles que o protegem. Não quero que minha família saiba. Não vão acreditar em mim.* Também é difícil confiar no sistema Judiciário como um caminho possível para o endereçamento do assédio sexual — ou de outros crimes sexuais. Em especial neste último caso, é uma decisão muito difícil buscar no Judiciário uma solução para a dor da vítima, uma possível reparação para a violência sofrida. Sabemos que a palavra da vítima quase sempre é desacreditada, que a estratégia de defesa vai ser humilhá-la e levantar dúvidas sobre seu depoimento. Em casos de crimes sexuais, frequentemente é a vítima que acaba sendo julgada e exposta. É preciso muita coragem para denunciar um crime desse tipo, e é uma grande violência demandar essa coragem de mulheres que já estão fragilizadas pelos abusos que sofreram. É uma tarefa urgente construir caminhos para que a prevenção do assédio sexual — e de todos os outros crimes contra a dignidade sexual — seja a regra e a sua responsabilização seja efetiva, sem revitimização.

E não se trata apenas de ter ou não coragem. Ao decidir

denunciar um assédio no local de trabalho, as mulheres encontram outra dificuldade: de acordo com 63,8% das participantes da pesquisa, as empresas em que atuam têm políticas ineficientes — quando sequer têm alguma — para endereçar o assédio. Infelizmente, a falta de responsabilização por comportamentos inapropriados ainda hoje é comum em ambientes em que há homens em posição de liderança e funcionárias geridas por eles.

É por isso que afirmamos que o assédio sexual deve ser propriamente entendido como uma violência de gênero, ou seja, como parte de um conjunto de práticas que se apoiam tanto na assimetria de poder típica das relações de trabalho quanto na posição da mulher nessas relações. É evidente que essa assimetria não começa nem termina no mundo do trabalho, e que também é afetada por outras estruturas de poder. Evidentemente, nós experimentamos as violências de maneira distinta — gênero, raça, classe e outros marcadores da diferença determinam como o assédio sexual aterriza no corpo de cada mulher. O fenômeno do assédio sexual, contudo, e sua manifestação generalizada é um caso indiscutível de experiência de dominação masculina que atinge mulheres em diferentes posições sociais e, nesse sentido, ele é um problema coletivo generalizado, pois todas as mulheres podem experimentá-lo.

Via de regra, onde há mulheres trabalhadoras e homens em posição de chefia, muitas vezes há abuso. Nenhum meio ou indústria é especialmente tóxico para as mulheres — quase todos o são de maneira bastante intensa. É muito comum ouvirmos de mulheres que o ambiente de trabalho em que estão inseridas é tóxico para com seu gênero, e é raro ouvirmos delas que se sentem seguras e satisfeitas. Atrizes em grandes emissoras, advogadas em escritórios de renome, trabalhadoras domésticas e copeiras, juízas e desembargadoras, professoras do ensino infantil, fundamental, médio. E, mais uma vez, a roupa não é responsável pelo assédio e não pode nos proteger — ainda que sim, com frequência a gente use a roupa como uma espécie de armadura e escolha peças que de fato dificultem a ação de um assediador. Isso é muito importante de ser dito e reforçado porque muitas vezes nós, mulheres, atribuímos a violência e as microagressões que sofremos no ambiente de trabalho à nossa escolha de vestimenta. Pode até ser que não acreditemos que a roupa tenha sido responsável pelo assédio, mas também pensamos que se vestir de maneira sexy significa, de alguma maneira, tentar se aproveitar do mecanismo de sedução para conquistar crescimento profissional. E aqui fica uma provocação: não estariam os homens fazendo isso também, mas passando ilesos? A sedução masculina para ascensão profissional não passa pelo corpo, mas nem por isso deixa de existir.

Todas as mulheres em todos os meios estão sujeitas a essa lamentável situação de vulnerabilidade. O assédio sexual no trabalho é tão naturalizado que, na hora em que acontece, muitas vezes nem sequer compreendemos que se trata de uma situação de violência ou constrangimento, e podemos demorar bastante tempo para perceber e aceitar que fomos vítimas de condutas abomináveis. As mulheres já estão há algumas décadas denunciando a complacência da sociedade com a violência diária enfrentada no mundo do trabalho. Jogar luz sobre o assédio sexual a partir de uma perspectiva de gênero nos auxilia a compreender um mecanismo fundamental por meio do qual se garante a reprodução cotidiana do privilégio masculino no mundo do trabalho.

É CRIME?

Há um extenso capítulo do código penal que define cinco tipos distintos de crimes contra a liberdade sexual. Achamos importante incluir aqui uma breve explicação sobre cada um deles, pois as leis devem ser plenamente acessadas por todas, e não apenas por advogados e outros profissionais do direito. Os crimes sexuais podem ser, do mais para o menos grave em termos da pena imposta, estupro, violação sexual mediante fraude, importunação sexual, assédio sexual e registro não autorizado da intimidade sexual. Vejamos as diferenças entre eles.

O estupro é caraterizado pela conduta de constranger uma pessoa, mediante violência ou grave ameaça, a ter conjunção carnal ou a praticar ou permitir que com ela se pratique outro ato libidinoso. A pena é de reclusão de seis a dez anos e é agravada a até doze anos se da conduta resultar lesão corporal de natureza grave ou se a vítima for menor de dezoito anos — lembrando que ter conjunção carnal ou praticar outro ato libidinoso com menor de catorze anos caracteriza o crime de estupro de vulnerável, cuja pena é de reclusão de oito a quinze anos. A violação sexual mediante fraude define-se pela conjunção carnal ou prática de outro ato libidinoso com alguém mediante fraude ou outro meio que impeça ou dificulte a livre manifestação de vontade da vítima. A pena para esse crime é de reclusão de dois a seis anos.

Em 2018, passou a existir no código penal o crime de importunação sexual, que tipificou a prática contra alguém sem anuência de ato libidinoso com o objetivo de satisfazer a própria lascívia ou a de terceiro, prevendo uma pena de um a cinco anos de reclusão. O intuito dessa lei foi passar uma mensagem contundente sobre o fim da complacência do Estado com a violência corriqueira que vitimiza as mulheres e vulnerabiliza seus corpos nas ruas e nos espaços públicos. No mesmo ano também foi tipificado o crime de exposição da intimidade sexual, caracterizado pela conduta de produzir, fotografar, filmar ou registrar, por qualquer meio, conteúdo com cena de nudez ou ato sexual ou libidinoso de caráter íntimo e privado sem autorização dos participantes. A pena prevista é de detenção de seis meses a um ano.

Por fim, o assédio sexual é definido como o constrangimento de alguém com o intuito de obter vantagem ou favorecimento sexual, prevalecendo-se o agente da sua condição de superior hierárquico ou ascendência inerentes ao exercício de emprego, cargo ou função. A pena é de detenção de um a dois anos. Na linguagem jurídica, "constranger" significa impor a alguém um comportamento contra a sua vontade. Isto é, alguém é constrangido quando faz algo ou se submete a algo de que não gostaria, que não teria escolhido fazer ou se submeter. Perceba que violência ou grave ameaça não é um requisito para o crime de assédio sexual. Tentar beijar à força, agarrar sem consentimento e usar qualquer forma de violência para satisfazer a própria lascívia são condutas que caracterizam crimes mais graves, como importunação sexual e até mesmo estupro.

É também relevante lembrarmos que, apesar de não existir o crime de violência doméstica — juridicamente, a violência doméstica é um contexto específico que torna mais grave o cometimento de crimes já previstos, como ameaça, injúria e lesão corporal, e garante instrumentos protetivos específicos para mulheres nessa situação —, a Lei Maria da Penha fez com que a discussão sobre violência de gênero avançasse bastante. Desde 2006, a lei define cinco formas de violência comumente

> cometidas no ambiente doméstico: física, emocional, psicológica, patrimonial e moral, o que sinaliza para a complexidade de todas as situações de violência que envolvam relações de gênero.
>
> E como estamos falando de crimes, queremos aproveitar para fazer uma ressalva sobre o sistema penal. A justiça criminal é apenas um dos vários possíveis caminhos para a responsabilização de assediadores — e nem sempre o mais adequado ou efetivo. Qualquer discussão sobre estratégias de responsabilização que não reconheça o racismo estrutural nas nossas instituições punitivas vai acabar por fortalecer uma engrenagem que só enxerga mulheres brancas como vítimas e homens negros como criminosos. Apostar no sistema de justiça criminal como o único instrumento de reconhecimento de assediadores é arriscar que se invisibilizem vítimas mulheres negras e indígenas, e é também possibilitar a criminalização seletiva de homens negros e a total desresponsabilização de homens brancos.

Mesmo conhecendo a definição legal correta, é fundamental que a gente trate o assédio para além das fronteiras jurídicas. Isso significa compreender esse tipo de violência como uma intricada trama de comportamentos e práticas que contribuem para um ambiente de trabalho hostil e tóxico. Por isso, precisamos entender o assédio sexual para além da sua definição no código criminal, cível ou trabalhista, compreendendo-o em um sentido mais ampliado e de maneira mais complexa. Até porque o tipo penal que temos hoje deixa bastante a desejar. Inclusive, as mulheres enfrentam problemas sérios para obter a responsabilização criminal do assediador justamente por causa da forma como o crime está definido. Como vimos desde o primeiro capítulo, em termos de questões de gênero, o direito está sempre para trás e, às vezes, nem sequer consegue acompanhar os passos da história.

Ao entender o assédio sexual como um fenômeno constitutivo das relações de gênero no trabalho, conseguimos lançar luz sobre as diversas modalidades de manifestação do problema, que pode acontecer por meio de comportamentos inapropriados, microagressões, estímulo e manutenção de ambientes tóxicos e outras violências em geral cometidas contra mulheres — o comentário sobre o decote ou o comprimento da saia, a piadinha totalmente sem graça com conotação sexual, o constrangimento de dar em cima de alguém que não está interessada etc. Reconhecer que o assédio sexual não é apenas uma ação específica que acontece em um tempo determinado, mas também um conjunto variado de práticas que se combinam de maneira sustentada, é um passo fundamental para o seu enfrentamento efetivo.

No entanto, a visibilidade do tema é relativamente recente. No mundo jurídico, então, é quase uma novidade. O crime começou a fazer parte do código penal brasileiro em 2001. O próprio termo "assédio sexual" existe há pouco tempo, apesar de o fenômeno ser mais antigo do que andar para trás. O termo em inglês *sexual harassment* apareceu no mundo apenas em 1977, em um precedente da Suprema Corte estadunidense. O primeiro caso, aliás, é horroroso — uma bancária que era obrigada a transar com seu chefe toda vez que ele demandava, sob a ameaça extensiva de que perderia o emprego se não o fizesse. Nessa ocasião, a bancária não tinha conseguido caracterizar a violência nas instâncias inferiores porque, aparentemente, o fato de você ser estuprada diversas vezes seria uma prova de que não houve estupro (insira aqui seu suspiro de exasperação, seu grunhido de raiva ou seu gemido de ânsia de vômito).

A grande jurista feminista Catharine MacKinnon participou do julgamento e escreveu uma opinião técnica para a Corte, sendo uma das responsáveis pela criação do termo e de seu tratamento legal. MacKinnon traz uma reflexão importantíssima não apenas para o tratamento jurídico do assédio sexual, mas para todas as lutas que envolvem nossos direitos, nossa posição nas relações de gênero e da produção histórica de nossa condição de mulher. Na época do julgamento na Suprema Corte, a maior dificuldade de MacKinnon foi falar a respeito de algo que, apesar de sabermos existir concretamente pela nossa experiência, ainda nem sequer tinha sido nomeado. Uma dimensão significativa de nossa luta sempre passa pelo processo de dar nome, fazer existir, dar visibilidade a algo que nos afeta, mas que é naturalizado e invisibilizado. É uma dinâmica bastante típica na história das lutas das mulheres: antes de conseguirmos organizar nossa resistência para enfrentar um problema, precisamos mostrar que o problema de fato existe.

Depois de muita energia gasta, finalmente conseguimos trazer à luz o fato de que o assédio sexual é uma realidade em todos os espaços de trabalho — apesar de esta informação ainda surpreender alguns homens que parecem se esforçar para não ouvir ou não se importar com as mulheres ao seu redor. Aliás, vocês também se irritam, como nós, quando discutimos casos notórios de assédio sexual e os homens em volta ficam chocados com as histórias, como se trouxéssemos ao conhecimento deles uma realidade nova e até então completamente desconhecida? Olha, descobriram que existe vida em Marte! Olha, mulheres em ambiente de trabalho precisam lidar quase todos os dias com casos de assédio! Quantas surpresas!

Mas ainda que a maioria dos homens pareça alheia à gravidade do assunto, fato é que continuamos a passar por situações de assédio em nosso dia a dia profissional. E algumas delas são capazes de deixar marcas profundas. É possível identificar diversas ordens de consequências do assédio na vida de uma mulher. Os impactos desse tipo de violência sexual têm efeitos perversos — e não são casos isolados, nem acontecem apenas eventualmente. O assédio pode, por exemplo, gerar um trauma, com potencial de se tornar depressão ou estresse pós-traumático. A submissão permanente a situações de estresse decorrentes de um ambiente de trabalho tóxico por vezes se manifesta no corpo na forma de úlceras, síndromes gástricas, crises de enxaqueca, bruxismo e episódios de pânico. Há também consequências graves para a autoestima, pois a vítima passa a duvidar da sua capacidade de estar naquele espaço e exercer determinadas funções. Não são raros os casos de mulheres que acabam trocando de emprego, de área e até desistindo de participar do mercado de trabalho formal por conta de experiências traumáticas com assédio.

Essa é, inclusive, uma dimensão especialmente cruel do assédio sexual pois funciona — mais uma coisa! — para nos lembrar de que o mundo do trabalho formal não foi feito para nós. Para nós, mulheres, ocupar esse espaço é um constante exercício de remar contra a maré. Por vezes, conseguimos quase tocar, de tão concretas, as estruturas que não nos deixam sair do espaço doméstico. Em quase todos os meios profissionais, quanto mais avançamos em nossas carreiras, mais somos lembradas de que aquele universo não nos quer ali. Por esse motivo, tentamos sempre provar — para todos ao redor e para nós mesmas — que temos, sim, condições de estar ali e que somos profissionais competentes, embora tudo isso seja muito exaustivo.

VOCÊ TRABALHA EM UM AMBIENTE TÓXICO?

Nós acreditamos que todos os locais de trabalhos — empresas, escolas, escritórios, universidades, repartições, organizações ou instituições — precisam assumir a responsabilidade pela criação de ambientes seguros e dignos para as mulheres. É preciso que a responsabilidade pelo enfrentamento e pela prevenção do assédio seja institucionalizada. Isso tem de fazer parte do trabalho dos gestores e das lideranças. Enquanto o combate ao assédio depender da coragem individual das mulheres que são vítimas e decidem denunciar e enfrentar, ambientes de trabalho extremamente hostis e inseguros às mulheres continuarão a existir.

Contudo, como o assédio é uma trama complexa de situações que se repetem, ele pode se tornar corriqueiro e até banal, levando à sua invisibilidade. Sabemos que os episódios de assédio sexual são repetitivos e progressivamente mais graves, caracterizados por uma crescente toxicidade do ambiente de trabalho. São vários os fatores decisivos que contribuem para a manutenção das práticas de violência. Todos eles estão mais ou menos enraizados em estereótipos de gênero, os quais mantêm homens e mulheres em posição de autoridade e submissão, respectivamente.

Por isso, preparamos aqui uma lista rápida para a checagem do seu ambiente de trabalho. Dê uma olhada e convide suas e seus colegas a refletir a respeito do tópico. Organize-se para cobrar internamente seus superiores a ter responsabilidade por essa questão. Quanto mais falamos sobre assédio, mais conseguimos dar visibilidade à prática e superar a sensação de isolamento que ele impõe às vítimas.

1. Quem costuma falar — e ser ouvido — em reuniões? São pessoas diversas e representativas da sociedade? Espaços tóxicos desestimulam a fala

das mulheres e de homens e mulheres negros, e o silêncio dessas pessoas em reuniões pode indicar problemas no ambiente.

2. Há mulheres e pessoas não brancas participando ativamente das tomadas de decisão? Um local de trabalho em que apenas homens brancos decidem está longe de ser desejável.

3. Qual o tom das piadas e brincadeiras que acontecem no dia a dia? Podemos aprender muito sobre o ambiente de trabalho a partir do tipo de comentários permitidos ali. "Piadas" homofóbicas, machistas ou racistas indicam um índice de toxicidade alto.

4. As pessoas estão adoecendo? É comum que o assédio seja somatizado pelas vítimas em problemas de saúde.

5. A carga de trabalho é compatível com as demandas decorrentes do trabalho doméstico e de cuidado que talvez muitas das mulheres tenham de realizar? Quanto mais invisível for a dimensão do trabalho reprodutivo nos ambientes de trabalho, mais tóxicos eles serão.

6. Há alguém que pareça se aproveitar de sua posição de poder para constranger colegas, em especial sexualmente? Por mais que o desenvolvimento de relações afetivas no ambiente de trabalho seja normal, é preciso entender se as trocas se dão de maneira respeitosa, consensual e simétrica.

7. Você se pergunta se o seu ambiente de trabalho é tóxico? Refletir sobre o próprio espaço, perguntar aos colegas a respeito — e ouvi-los — é uma atividade essencial a ser feita constantemente por todo gestor diligente.

Dica de ouro: por fim, deixamos aqui uma dica que a Mayra sempre dá às mulheres que lhe procuram em casos de assédio no trabalho. Se você desconfia que está sendo vítima de assédio moral ou sexual, comece um diário para registrar essas experiências. Anote em um mesmo lugar toda vez que você se sentir incomodada com alguma coisa, ainda que não consiga explicar bem por quê. Escreva sobre como se sentiu, mas tente registrar o que aconteceu objetivamente — por exemplo, o que seu colega falou que incomodou, qual foi a demanda do seu chefe que causou estranheza. Mesmo que você não considere jamais ajuizar uma ação ou formalizar uma denúncia, mantenha esse diário para organizar suas lembranças. Como as situações de assédio normalmente acontecem de maneira prolongada e sustentada e são muito presentes no dia a dia, a vítima pode sentir dificuldade de entender a gravidade da situação e passar a questionar a própria memória. Lembre-se desta dica e passe-a adiante.

O CORPO QUE AS ROUPAS VESTEM

O assédio e outras violências sexuais se efetivam em um território específico: o corpo. Achamos, portanto, que é preciso fazer algumas considerações sobre ele a fim de que entendamos melhor por que estamos tão estruturalmente submetidas a essa forma específica de subjugação. Uma das discussões mais intensas do ponto de vista teórico e mais desafiadoras do ponto de vista prático é justamente sobre o corpo. Quando falamos sobre roupa, é evidente que discutimos também o corpo e as possíveis abordagens dele — afinal, toda roupa veste um corpo.

A definição de corpo parece meio óbvia: aquele conjunto de carne e osso que contém a nossa individualidade e para o qual atribuímos uma personalidade e chamamos de pessoa. Quando falamos do que gostamos ou não no nosso corpo, nos referimos a algo palpável: *adoro o meu colo, acho que o meu nariz está em harmonia com meu rosto, minhas pernas são bonitas demais para ficarem escondidas em uma calça*. Da mesma forma, toda vez que progredimos em alguma atividade física e conseguimos fazer coisas que antes não conseguíamos — ou, ao contrário, toda vez que por alguma razão, ainda que momentânea, perdemos a capacidade de fazer algo com o nosso corpo —, entendemos perfeitamente o que o corpo significa.

Sem dúvidas, portanto, o corpo é uma realidade material e existe de forma concreta. Mas ele não é só isso. A esta altura do livro você já sabe que nada é tão simples na missão de entender as raízes dos problemas que queremos enfrentar. Sim, tudo bem, o corpo parece ser um fato objetivo, mas será que é mesmo? Por que há tantas diferenças construídas a partir do corpo? Alguns órgãos são chamados de sexuais, apesar de a sexualidade ser uma prática cultural. O conceito de raça, inventado com base em traços fenotípicos, foi utilizado como pretexto em disputas geopolíticas a fim de criar hierarquias entre seres humanos. Fala-se em hormônios masculinos e femininos, ainda que tanto a masculinidade quanto a feminilidade sejam construções sociais.

Tratamos, portanto, o corpo como uma realidade fisiológica objetiva, enquanto projetamos sobre ele uma série de valores, expectativas e significados que estão muito distantes de qualquer pretensão de verdade biológica. Se por um lado é inegável que o corpo possui uma dimensão de evidente existência material, concretamente observável pelos sentidos, também é bastante óbvio que há uma série de fabricações culturais e ideológicas associadas a ele, as quais decorrem apenas de elaborações intelectuais que parecem trabalhar para legitimar assimetrias sociais e hierarquias entre indivíduos. Sem dúvida, o corpo é o espaço que consolida e organiza diferenças construídas em sociedade — e aí começam alguns problemas, pois essas diferenças, uma vez corporificadas, ganham um status de realidade objetiva e interditam a crítica.

Afinal, o corpo é um fato objetivo ou (mais) uma construção social? Ele pode ser as duas coisas? Se sim, como e em que medida? Esses são questionamentos que geram intensos debates nos feminismos. Em cada geração, apareceram noções diferentes do que é o corpo e como devemos conceituá-lo e mobilizá-lo dentro de cada teoria e para cada luta. No feminismo de primeira geração, o corpo não era muito discutido. Não se questionava se o corpo masculino era diferente do feminino — aceitava-se tal pressuposto como uma verdade natural e às vezes até mesmo divina. O máximo a que se chegava era ao questionamento da imposição de diferenças e hierarquias sociais a partir das supostas evidências e distinções biológicas aceitas.

É partir dos anos 1960 e do feminismo de segunda geração, e em especial depois do desenvolvimento do conceito de gênero, nos anos 1980, que o corpo começa a ser repensado. Com a teoria do sistema sexo-gênero — que diferenciou o chamado sexo biológico dos papéis de gênero socialmente construídos —, o corpo passou a ser analisado como um espaço em que importantes disputas políticas acontecem. A ideia é que não existe apenas um corpo natural, uma verdade biológica objetiva e absoluta. Todo o corpo é uma realidade biológica que se combina e se transforma também a partir de uma construção social. Ou seja, é um pouquinho dos dois.

Quando chegamos ao feminismo de terceira geração, o corpo se torna uma realidade discursiva. Pois é, uma ideia bem doida, mas filosófica. Para algumas feministas contemporâneas, sobretudo depois da gigantesca influência de Judith Butler, a existência de um corpo natural é impossível. Não há uma realidade objetiva e incontestável, produto da natureza, mas algo fabricado pela sociedade e pela cultura. Qualquer corpo passa a ser uma criação discursiva feita por nós. Todas as chamadas caraterísticas físicas — cor da pele, genitália, umbigo para dentro ou para fora — jamais foram um simples dado da natureza, observável empiricamente pelos sentidos. A partir do momento em que falamos a respeito de características físicas — e é só ao nomear e discutir que damos sentido para as coisas —, elas são criadas. Bem, uma viagem, mas muito interessante.

Isso nos ajuda a entender como o corpo é criado em decorrência de marcas diferenciadoras. Se todos os corpos fossem iguais, não precisaríamos desse conceito. Falamos em corpo porque o hierarquizamos socialmente de acordo com diferenças corporificadas. Dessa forma, todo corpo surge, de certo modo, marcado: corpo negro, corpo feminino, corpo com deficiência. Poder nos desapegar da existência material de nosso corpo requer tornar essas marcas irrelevantes — e isso é um privilégio que poucos conseguem acessar.

Em geral, apenas homens brancos conseguem escapar de ter seus corpos inextricavelmente conectados a sua existência. E isso fica muito evidente nas roupas e na discussão sobre o que é sexy. Repare que até hoje roupas que marcam o corpo ou que o colocam à mostra são associadas às mulheres ou ao feminino. Decotes e fendas, transparências e vazados, tecidos finos e cortes justos, tudo isso é permitido a nós, que de fato temos corpo e não somos apenas uma abstração racional. Homens brancos não têm corpo — a fruição plena de sua condição humana está exclusivamente relacionada à razão e aos atributos não físicos, como inteligência e coragem.

A CULTURA DO ESTUPRO

É provável que você já tenha escutado essa expressão alguma vez. Ela costuma aparecer em discussões como a do assédio sexual e tem origem nos campi universitários estadunidenses na década de 1960, durante o auge do pensamento feminista de segunda geração. As mulheres, que começavam a ocupar com mais força os espaços de produção formal de conhecimento, também passaram a reivindicar categorias de análise que fossem capazes de refletir as especificidades de suas experiências.

As diversas formas de violência relacionadas ao corpo das mulheres são reflexos de uma mesma estrutura que precisamos desconstruir. Quando vemos, por exemplo, que há muitas semelhanças entre as dinâmicas de assédio sexual e as de violência doméstica, começamos a perceber que isso não é mera coincidência. Afinal, como vimos no primeiro capítulo, a separação entre a casa e o trabalho foi construída de forma artificial durante a Modernidade como garantia de manutenção do acesso exclusivo dos homens aos espaços públicos e do confinamento da mulher aos espaços domésticos. Portanto, sabemos que as relações entre o mundo produtivo e o reprodutivo são muito mais de interdependência do que de autonomia. A nós parece que as práticas de assédio sexual são tão presentes e difundidas de maneira contínua justamente porque os assediadores compartilham com outras formas de violência baseada em gênero um leque de instrumentos que vulnerabilizam as mulheres e protegem os agressores.

Além disso, a naturalização de práticas violentas nas relações interpessoais com marcas de gênero se dá por meio da construção artificial de espaços privados, ainda que em ambientes públicos. Isto é, o assédio sexual de um superior hierárquico contra uma funcionária é simbolicamente apresentado como um flerte e posto como se fosse um tema privado, que não diz respeito a ninguém mais além das duas pessoas envolvidas. Se quisermos de fato enfrentar o assédio sexual precisaremos, portanto, tal qual fizemos com a violência doméstica, romper as barreiras que invisibilizam determinadas relações e começar a expô-las em toda a sua brutalidade.

> ## A ESTAGIÁRIA DO HOMEM MAIS PODEROSO DO MUNDO
>
> Todo mundo que viu o Brasil ser tetracampeão conhece também um nome que parecia ser onipresente no ano de 1998: Monica Lewinsky. Em 1995, quando tinha 22 anos e era estagiária na Casa Branca, Lewinsky se envolveu num caso com o então presidente dos Estados Unidos, Bill Clinton, 27 anos mais velho do que ela. A relação aparentemente durou dois anos e veio à tona em meio a uma crise política pela qual Clinton passava, servindo de base para um pedido de impeachment. Lewinsky estava apenas começando sua vida profissional e teve de lidar com a maior estrutura midiática do mundo, responsável pela manutenção do *soft power* de uma potência imperialista e que lucrava bilhões de dólares diariamente à custa de piadas e notícias sensacionalistas a respeito dela. Todos nós nos lembramos do vestido azul manchado de sêmen sendo mostrado em looping nos canais de notícia, dos trocadilhos de mal gosto sobre sexo oral e até mesmo dos comentários sobre a aparência física da jovem.
>
> Lewinsky hoje é militante e luta por redes sociais mais seguras e ambientes públicos menos tóxicos para mulheres — uma batalha que, ao que parece, todas nós seguimos perdendo. Em 2015, ela ministrou um TED Talk, intitulado "O preço da vergonha", em que se apresenta como a primeira vítima do cyberbullying, ou seja, como a primeira a sofrer com essa prática, hoje recorrente, de expor,

perseguir e aterrorizar pessoas nas mídias sociais. O escândalo midiático que envolveu Lewinsky e Clinton aconteceu justamente na alvorada da massificação da internet, e ali começamos a descobrir que os ambientes virtuais poderiam ser mais um espaço para a misoginia correr solta e servir como entretenimento. O mundo on-line se juntou aos apresentadores de talk show, aos comediantes e aos comentaristas de TV que humilhavam Lewinsky em troca de alguns pontos na audiência.

É curioso que ninguém à época tenha comentado com igual interesse, revolta ou engajamento o fato de que o homem mais poderoso do mundo usava sua posição de poder para transar com as estagiárias que trabalhavam para ele. Isso estava completamente normalizado. As críticas ao comportamento de Clinton focavam apenas no fato de que ele era um homem casado e, portanto, deveria ser mais resistente às tentações da carne. Chegavam, inclusive, a compará-lo com John Kennedy, outro presidente estadunidense que, entre 1961 e 1963, transferiu do Senado para a Casa Branca a sua prática de assediar mulheres colegas de trabalho. Ambos eram descritos como homens que deveriam saber se controlar mais, em um mundo em que as mulheres existem, pelo visto, para tentar homens fracos e destruir famílias. Jamais foram chamados de assediadores — na época de Kennedy, o termo assédio sexual nem sequer existia! Nunca foram questionados a respeito do uso de sua posição de extremo poder para constranger mulheres a transar com eles. Aparentemente, o acesso livre aos corpos das mulheres ao redor era mais um bônus do cargo que ocupavam.

Não é por acaso que chefes assediadores se comportam de maneira muito semelhante — às vezes idêntica — aos maridos abusivos. A experiência nos mostra que os relatos das mulheres vítimas de assédio sexual no trabalho são muito parecidos com os das sobreviventes de violência doméstica em diversos aspectos. O sentimento de culpa e vergonha por estar naquela situação é comum nos dois casos, bem como os motivos pelos quais as vítimas demoram para buscar ajuda ou para denunciar. Tal qual o marido agressor, o chefe que assedia vai, em diversos casos, aos poucos isolando as suas vítimas no local de trabalho; ele as manipula emocionalmente, e fragiliza sua autoestima em um crescendo; ele se comporta como a pessoa que mais protege os interesses da vítima, fazendo-a duvidar da necessidade de buscar ajuda; quando ele pratica um ato muito abjeto, ele até se desculpa e promete que nunca mais repetirá tal comportamento.

Tanto em casos de assédio sexual quanto diante de violência doméstica, as mulheres precisam navegar as tensões e as ambivalências típicas das reações às violências praticadas por pessoas de dentro do nosso círculo de convivência. E há ainda outro ponto em comum que aproxima o marido agressor do chefe que assedia: nenhum dos dois começa com ações manifestamente violentas. Ao contrário, o mais comum é que tanto a violência doméstica como o assédio sexual se desdobrem em um processo lento e constante de normalização de abusos. Aos poucos, ambos vão construindo um ambiente de trabalho ou doméstico em que os limites são testados e ultrapassados, por meio de um repertório de escusas que conhecemos bem: "você está exagerando", "foi apenas uma brincadeira", "não se pode nem mais elogiar", "não foi bem assim que aconteceu", "ela é louca", "será que um cara tão simpático e legal seria mesmo capaz disso", "você é muito pudica". A normalização da violência é tão bem-feita que a vítima, imersa nesse contexto, tem dificuldade em perceber sua situação de violência.

Essa normalização conta com práticas sistêmicas de silenciamento e de invisibilização. Assim como a violência doméstica, o assédio sexual é protegido por ser considerado uma relação privada, algo que acontece entre duas pessoas e só lhes diz respeito, ainda que desdobrada em um espaço público, como se fosse possível abstrair o poder advindo da ascensão hierárquica de um homem-chefe sobre a mulher. Entretanto, se as décadas de lutas pela visibilização da violência doméstica acabaram enfim sedimentando o entendimento jurídico de que o casamento é uma relação em que as mulheres temem o abuso praticado por seus maridos, nós hoje avançamos para o entendimento de que o mundo do trabalho é também bastante hostil para nós, o que merece um olhar crítico e protetivo a partir da incorporação da teoria crítica de gênero.

O chefe e o marido são peões do mesmo patriarcado, e as fronteiras entre as diversas categorias de violências cometidas contra as mulheres são porosas. Uma característica típica das violências de gênero é o caráter cíclico. Portanto, o assédio sexual não seria diferente. Em geral, num primeiro momento, ocorre um aumento constante e progressivo de piadas e comentários inapropriados, comportamento que culmina, em seguida, em uma investida mais agressiva e incisiva. O terceiro e último momento do ciclo é identificado pela demonstração de arrependimento do assediador, que também vem acompanhada de promessas de mudança em seu comportamento. É possível até que haja estágios de tranquilidade em meio ao ciclo, fazendo com que a mulher acredite que a situação vai melhorar. É raro, entretanto, que um chefe assediador mude sua postura. À medida que o ciclo se repete, os limites são esticados e as linhas do aceitável se expandem, o que leva a episódios de tensão máxima e cada vez mais violentos. A repetição do ciclo também tende a encolher a rede de apoio à vítima, que passa a se isolar no local de trabalho cada vez mais.

PROTEÇÃO CONTRA CHEFES ASSEDIADORES

O assédio sexual, desde 2018, passou a ser associado a um nome específico: Harvey Weinstein. Por meio de duas reportagens incisivas e reveladoras — uma escrita pelas repórteres Jodi Kantor e Megan Twohey, do *New York Times*, e outra por Ronan Farrow, da revista *New Yorker* —, fomos apresentadas ao universo de um homem muito poderoso que usava de sua posição hierárquica dentro de uma das maiores produtoras de Hollywood, a Miramax, para constranger, assediar e estuprar mulheres a ele subordinadas. O paradigmático caso de Harvey Weinstein e a força das revelações de assédios sexuais cometidos em série por ele incentivaram a exposição de centenas de outros assediadores e nos apresentaram, com detalhes, o modus operandi de um chefe abusador típico. Muitas décadas depois das tentativas de vários jornalistas de expor a história de Weinstein, finalmente hoje é possível conhecê-la em detalhes e torcer para que a justiça seja feita às mulheres que dele foram vítimas.

Ao escutarmos as histórias contadas pelas mulheres, percebemos o quanto a roupa faz a mediação das tensões que advêm do medo de sofrer assédio. Uma das vítimas de Weinstein, a executiva Rowena Chiu, trabalhava como assistente do produtor nos anos 1990. Ela conta que foi chamada para uma reunião no seu quarto de hotel, sabendo que a estratégia do chefe era justamente coagir suas funcionárias a transarem com ele, inclusive usando força física para tanto. A assistente sênior, então colega de Rowena, aconselhou-a a usar dois pares de meia-calça, uma em cima da outra, para dificultar o acesso do chefe ao seu corpo. Não adiantou, e Rowena terminou a noite resistindo a uma tentativa de estupro por parte de seu superior hierárquico, que não se deteve pela barreira física redobrada de náilon.

Outra vítima de Weinstein, a advogada Emily Nestor,

conseguiu um estágio de verão na produtora Miramax em 2014. No primeiro dia de trabalho, Emily se arrumou conforme o esperado de uma futura advogada, isto é, estava preocupada em parecer profissional e com mais idade do que tinha. Logo nos primeiros momentos de interação com o chefe, Weinstein a convidou para visitá-lo em seu quarto de hotel no dia seguinte, deixando explícito que um relacionamento sexual com ele poderia ajudar a carreira da advogada. Como essa sociedade que nos trata tão mal faz com todas as mulheres, Emily sentiu-se culpada pelo assédio, acreditando que a roupa que escolhera tivesse passado a mensagem de que ela estava em busca de sexo no local de trabalho. No dia seguinte, portanto, foi trabalhar com uma calça larga e escura, um suéter oversized e de gola alta, com o cabelo preso e sem qualquer acessório. Ouviu do chefe que não adiantava se esconder debaixo de tanto pano, pois sua presença ainda era requisitada no quarto de hotel.

A advogada de Weinstein, Donna Rotunno, em entrevista ao *New York Times* durante o julgamento criminal de seu cliente, contou um pouco sobre a estratégia da defesa. De acordo com ela, Weinstein não teria cometido qualquer crime porque as mulheres teriam se beneficiado das relações sexuais forçadas por ele. A tese da advogada era de que as mulheres haviam consentido em trocar sexo por avanços na carreira. Falar em consentimento, nesse contexto, nos faz lembrar de Hobbes, que, ao inaugurar a teoria contratualista moderna, lá no século XVII, explicou que as pessoas são livres para escolherem aderir ou não ao contrato social. Quem não quisesse aderir, teria a opção de ir morar em uma ilha deserta. Assim fica fácil falar que a escolha é livre, não é mesmo? Quem não quiser, que se retire da sociedade. Da mesma forma, no caso do assédio sexual, se a sua carreira será prejudicada, se o seu sustento está sob risco, não se pode falar em consentimento. Nossa escolha não é livre se as opções são aceitar transar com um cara com quem não queremos transar ou não ter oportunidade de trabalhar com o que desejamos.

Importante ressaltar que o assédio é comumente apoiado por assimetrias de gênero, colocando mulheres em posição de vulnerabilidade. Eis alguns exemplos de condutas que podem caracterizar o assédio moral com relação a uma colega de trabalho, listados pelo Conselho Nacional do Ministério Público: retirar a sua autonomia; contestar, a todo momento, as suas decisões; sobrecarregá-la; retirar o trabalho que normalmente competia a ela; ignorar a sua presença, dirigindo-se apenas aos demais trabalhadores; passar tarefas humilhantes; falar com ela aos gritos; espalhar rumores a seu respeito; não levar em conta seus problemas de saúde; criticar a sua vida particular; evitar a comunicação direta com ela, adotando exclusivamente vias indiretas de comunicação, como e-mail, bilhetes ou terceiros; isolá-la fisicamente, para que ela não se comunique com os demais colegas; desconsiderar ou ironizar, injustificadamente, suas opiniões; retirar funções gratificadas ou cargos em comissão; impor condições e regras de trabalho personalizadas a ela, diferentes das que são cobradas dos demais, mais trabalhosas ou mesmo inúteis; delegar tarefas impossíveis de serem cumpridas ou que normalmente são desprezadas pelos outros; determinar prazo desnecessariamente curto para a finalização de um trabalho; não atribuir atividades a ela, deixando-a sem quaisquer tarefas a cumprir, provocando a sensação de inutilidade e de incompetência, ou colocando-a em uma situação humilhante frente aos demais colegas de trabalho; manipular informações, deixando de repassá-las com a devida antecedência necessária para que ela realize as atividades; vigiar excessivamente apenas ela; limitar o número de vezes e monitorar o tempo em que ela permanece no banheiro; fazer comentários indiscretos quando ela falta ao serviço; advertir arbitrariamente; divulgar boatos ofensivos sobre a sua moral; instigar o seu controle por outro colega, determinando que um trabalhador tenha controle sobre outro fora do contexto da estrutura hierárquica, espalhando, assim, a desconfiança e buscando evitar a solidariedade entre colegas.

Visto isso, é fundamental, portanto, considerarmos o tamanho do desequilíbrio de poder ao qual as mulheres ainda estão submetidas no local de trabalho. Nem sempre é fácil "tomar uma atitude" em uma situação de assédio, e a cobrança de mulheres nesse sentido é um grande desserviço à nossa luta. Umas das ideias conservadoras mais perversas que circulam contra as mulheres, aliás, é que o assédio só acontece com "mulheres que não se dão ao respeito". Isso simplesmente não é verdade. A própria ideia de "mulheres que se dão ao respeito" reproduz o machismo estrutural que precisamos com urgência combater. Passou da hora, portanto, de pararmos de responsabilizar as vítimas de assédio pela violência que sofrem — e se isso parece já bastante óbvio, precisamos ainda avançar bastante para de fato desconstruir essa culpa nas nossas estratégias de enfrentamento. A afirmação é falsa também porque as mulheres não ficam passivas às violências que sofrem, mas reagem a elas, mesmo sabendo que assumem sérios riscos ao fazê-lo. Quando isso acontece, contudo, na maioria das vezes nada é feito a respeito e o assediador segue sem ser responsabilizado por suas ações. Por isso, ressaltamos que, assim como não há uma roupa que magicamente equalize nossas posições no trabalho, também não há um conjunto de dicas de comportamento e vestimenta que vá nos proteger do assédio. Não somos assediadas porque não sabemos nos proteger, nem deixaremos de o ser se passarmos a agir de determinada forma. Não há nada que poderia ter sido feito para impedir o assediador. Precisamos centrar nossas energias nas estruturas que continuam construindo ambientes hostis de trabalho, nas empresas e instituições que ainda são coniventes com tais práticas e nos homens que usam suas posições de poder para constranger suas funcionárias.

CHECKLIST: LOCAL DE TRABALHO SEGURO

Acreditamos que é também urgente refletir sobre as estratégias para responsabilizar não apenas os assediadores, mas também as empresas, organizações e instituições dentro das quais o assédio sexual acontece. O compromisso com o enfrentamento dessa prática predatória deve ser institucionalizado em todo os espaços. Existe um checklist bem básico para que empresas, instituições e organizações apliquem em seu ambiente de trabalho a fim de estabelecer espaços seguros e dignos para as mulheres. Essas coisas existem no seu local de trabalho? Será que há caminhos possíveis para que as mulheres nesse ambiente se organizem para demandar a implementação do checklist? Nada mais potente que a mobilização coletiva dos trabalhadores. A organização pode ser facilitada quando feita ao redor de pautas específicas, com demandas bem estabelecidas.

Aqui, sugerimos algumas demandas bem concretas para serem sugeridas às lideranças dispostas a combater o assédio sexual:

1. Criação de um canal de denúncia ou ao menos a identificação evidentemente estabelecida de quem vai receber eventuais reclamações;

2. Criação de um fluxo procedimental por escrito, oficializado em normativa interna, sobre o encaminhamento de reclamações;

3. Definição de um acordo escrito, comunicado a todos internamente, sobre o que caracteriza uma conduta problemática e as possíveis consequências para cada uma delas;

4. Desenvolvimento de mecanismos, para além da punição do agressor, que sejam capazes de (i)

> reparar o dano às vítimas, (ii) reconhecer a existência de um problema a ser corrigido, e (iii) restaurar o ambiente de trabalho;
>
> 5. Realização de avaliações periódicas sobre o estado das relações de gênero no ambiente de trabalho, com a inclusão de um critério com recorte de gênero sobre a correição das condutas nas avaliações individuais de performance;
>
> 6. Criação de um espaço permanente para endereçamento de desconfortos que ainda não caracterizariam um assédio, mas que contribuem para um ambiente de trabalho tóxico;
>
> 7. Investimento em estratégias de letramento de funcionários e lideranças.

AFINAL, PODEMOS SER SEXY?

Ao longo do capítulo, falamos muito sobre assédio e outras violências sexuais tipicamente cometidas por homens contra mulheres, mas gostaríamos de fechar o debate mudando o foco para a expressão da nossa sexualidade e seu exercício livre e autêntico — tudo isso, claro, conectado com o tema das roupas no trabalho. Queremos também alertar para o fato de que entendemos o problema de se incluir esta reflexão em um capítulo sobre assédio sexual. Nós sabemos que assédio e violências sexuais não têm nada a ver com sexo. Homens nos assediam não porque nos acham gostosas ou sexy, mas porque é dessa forma que eles exercem o poder próprio de sua masculinidade. Assédio não é uma forma de demonstrar desejo. É importante frisar que assédio e estupro são atos de violência. Vale lembrar que muitos homens assediam e estupram mulheres que nem sequer acham bonitas ou atraentes justamente porque não é uma prática pautada por desejo sexual, mas por controle, poder e violência. Não queremos, portanto, misturar nossa sexualidade com as violências cometidas contra nós.

Como estamos, contudo, falando sobre o mundo do trabalho, as roupas e o assédio, pensamos que seria uma boa oportunidade para discutirmos o tal do "estilo sexy" que sempre aparece nas conversas sobre moda. Feita a importante ressalva anterior e considerando tudo o que já discutimos até aqui, é preciso refletir sobre os caminhos possíveis para lidar com a expressão da nossa sexualidade da maneira mais confortável e emancipatória para cada uma de nós. Afinal, o "estilo sexy" diz respeito muito mais a autoconfiança, força e poder do que à erotização do corpo — inclusive, quando pensamos em homens sexy, não pensamos necessariamente em músculos. Em geral, pensamos em homens poderosos ou, pelo menos, no controle da situação. E talvez seja essa coragem de se expressar sexualmente que incomode tanto os homens e seja um motivo de resistência em ambientes profissionais. Se pensamos sobre o que é um homem sexy e por que é tão distinto da definição de sexy que se faz das mulheres, começamos a perceber como essa caracterização é perpassada por questões além do sexo e do erótico. Ao analisarmos as interdições ou as permissões relacionadas a "roupas sexy" no ambiente de trabalho, a discussão fica bastante complexa — bem do jeito que a gente gosta.

Vimos no primeiro capítulo como a sexualização do pecado original contribuiu para a subjugação das mulheres e legitimou as práticas da Inquisição. A estratégia para consolidar uma forma de poder por meio do controle da sexualidade de um grupo específico foi uma fórmula tão bem-sucedida que até hoje é utilizada e replicada em distintas instâncias — desde políticas oficiais de Estado, como a perseguição a LGBTQIA+s que alguns governos conservadores adotam, até as relações interpessoais diárias, como o caso do marido que interfere na forma como a esposa se veste com base em critérios historicamente produzidos de maneira imbricada com a sexualidade feminina, tal qual a decência e o recato. Perceba que até hoje sentimos dificuldade de nos apresentar socialmente como seres sexualizados nos nossos próprios termos — ou seja, em geral somos toleradas na sociedade como pessoas sexualizadas desde que a sexualidade não seja protagonizada por nós. Nossa sexualidade só é permitida se estivermos na posição de objeto.

Por esse motivo, muitas vezes sentimos dificuldade de nos identificar com o que nos é apresentado como algo sexy. Ainda que nos sintamos sexy ao performar de acordo com a realidade criada pelos filmes pornográficos, por exemplo, em geral sentimos dificuldade de entender se estamos sendo autênticas com nossos desejos ou se apenas nos conformamos à posição de um receptáculo vazio para a realização do desejo de outrem. Nem sempre a correlação entre sentir-se sexy e sentir-se confiante se dá pela correspondência no corpo feminino entre autoconfiança e sensualidade. Às vezes nossa performance do sexy mais nos aliena de nós mesmas do que nos ajuda no exercício saudável e autônomo da nossa sexualidade.

E aqui, como estudiosas de moda e do feminismo, acreditamos que cada mulher pode encontrar um jeito de performar sexualidade, e ele não é e nem pode ser igual para todas, porque não somos iguais. E aí a coisa aperta ainda mais: o importante no ambiente de trabalho não é não se sentir sexy, mas sim não performar a sexualidade padrão, não deixar um pedaço de corpo de fora que possa ser sexualizado (ainda que isso varie de cultura para cultura). Ninguém vai proibir você de usar, por exemplo, uma blusa que marque a cintura. Em geral, no Brasil, é legítimo que as mulheres evidenciem essa curva sem que sejam vistas como "vulgares". Mas uma saia muito justa, que valorize o quadril, já é um problema. E, por mais que tentemos fugir da comparação, qual é a roupa masculina considerada sexy? Qual roupa masculina é sedutora demais para o trabalho? Que desconcentra os colegas e é vulgar? Desrespeitosa? Não conseguimos pensar em nada. Vale lembrar que chinelo, regata, bermuda e afins não são itens considerados sexy. São vetados do dress code de trabalho apenas por serem muito casuais, não por deixarem os homens irresistíveis.

Se vocês pesquisarem qualquer lista de "homens mais sexy do mundo" quase todos estarão de terno e dificilmente algum deles estará com a pele a mostra. A ideia de homem sexy está mais ligada ao poder. Assim, os homens têm esse enorme privilégio — mais um! — de construir o seu capital erótico a partir do acúmulo do seu poder, ou seja, o aumento da sua sensualidade acompanha o aumento do seu prestígio social. Para as mulheres, o capital erótico é bem mais complicado, pois não o acumulamos da mesma maneira, nem tampouco conseguimos "gastá-lo" livremente.

Vale pensar no quanto nossos corpos são sexualizados sem que queiramos, como nossos corpos não podem ser apenas corpos. É o caso do sutiã: por que mesmo a gente precisa ter tanto pavor do mamilo marcando a blusa? Por que isso é tão desrespeitoso? Admitimos aqui que estamos muito longe de mudar essa visão de corpo sexualizado. Inclusive, achamos bastante otimista pensar que uma mulher que trabalhe em um ambiente formal consiga ir trabalhar sem sutiã — principalmente se tiver seios maiores. Mas precisamos pensar a respeito e questionar isso.

A sexualidade no ambiente de trabalho é mesmo um vespeiro. Os diretores de RH vão provavelmente suar frio ao ler este capítulo e, sendo bem razoáveis, entendemos também que existem roupas que não funcionam em qualquer ambiente. Essa discussão é bastante longa e, embora não seja nosso foco, uma pergunta permanece: qual o problema em ser sexy? Qual o problema em se sentir segura e confiante com a própria sexualidade? E se o ambiente de trabalho "não é lugar pra isso", por que os homens estão autorizados a ser sexy com a roupa que vestem para trabalhar?

Para fomentar ainda mais essa discussão, trazemos aqui uma reflexão feita pela editora-chefe do jornal *El País*, Flávia Marreiro, a partir do caso de assédio que Paola Carosella sofreu do ex-colega de trabalho Erick Jacquin. Durante um dos episódios do programa que apresentavam juntos, Jacquin perguntou a ela: "Muita gente já não te considera uma grande chef, uma grande cozinheira, mas uma puta gostosa. O que você tem a dizer?". Carosella, então, respondeu: "Eu sou as duas coisas. Eu sou uma mulher bonita e eu sou uma grande cozinheira". Tratando desse caso, Flávia Marreiro questiona por que Barack Obama não perde credibilidade ao usar seu capital erótico, enquanto isso é impensável para as mulheres. Basta pensar que a era Obama é marcada por muito carisma em um consenso de que o ex-presidente dos Estados Unidos sempre usou seu charme para conquistar, de um jeito ou de outro, os eleitores. E o que falar do primeiro-ministro canadense, Justin Trudeau, que explora sem pudores sua sensualidade, inclusive fazendo flexões em sua mesa de trabalho na frente dos fotógrafos da imprensa?

Aqui, há uma marca inegável da diferença entre homens e mulheres que assumem cargos de poder: às mulheres nem sequer é permitido sorrir, se divertir. Vejamos os exemplos da ex-presidente do Brasil, Dilma Rousseff, da chanceler alemã, Angela Merkel, e da ex-deputada gaúcha Manuela d'Ávila — todas mulheres preocupadas em não ser deslegitimadas pelo charme, pela simpatia, pelo capital erótico. Pensemos nos homens? O ex-presidente Lula fala com orgulho em entrevistas sobre o seu tesão, o príncipe William estampava capas de revistas para adolescentes, o presidente da Rússia, Vladimir Putin, tira fotos cuidadosas mostrando o torso desnudo. Não sei como soa para vocês, mas, para nós aqui, os homens têm tido mais permissão para se divertir e seduzir.

UM PEQUENO MANIFESTO: NÃO SEJAMOS FURA-GREVE!

Por Mayra Cotta

No mundo do trabalho, a greve sempre foi um instrumento importantíssimo dos trabalhadores na luta por direitos. A organização de greves foi responsável por conquistas trabalhistas até hoje fundamentais à classe — apesar de essas conquistas arduamente garantidas estarem sob um pesado ataque há algum tempo. Trabalhadores unidos e organizados assustam qualquer patrão que viva de sua exploração e lucre com sua precariedade. Por isso a greve tem tanto poder: não é bem o dia de trabalho perdido que o patrão teme, mas o fato de seus empregados parecerem estar coesos e organizados para lutar, unidos e articulados para demandar em conjunto. Sabe aquela história de que a união faz a força? Pois é, essa é a regra de ouro das greves. Quanto mais unidos, mais fortes são os trabalhadores.

Justamente por isso, dentre as táticas mais utilizadas para impedir que trabalhadores façam greve ou para desmobilizá-las, há uma que é bastante eficaz: o empoderamento do fura-greve. Por meio de recompensas a alguns poucos trabalhadores que não aderem à greve, os patrões tentam criar uma divisão no movimento, passando a mensagem de que o indivíduo pode se beneficiar se abrir mão de lutar pelo coletivo.

O problema é que a recompensa individual de um fura-greve jamais pode ser expandida para todos os trabalhadores. Com frequência essas gratificações são efêmeras e pontuais, representando um ganho meramente momentâneo àquele trabalhador específico. Mudanças de fato estruturais, que beneficiem a todos e construam uma sociedade mais justa, dependem da ação coletiva. Um trabalhador fura-greve continua submetido às estruturas problemáticas que seus colegas grevistas tentam mudar, ainda que a recompensa por não ter aderido à greve crie uma ilusão efêmera de que sua condição de vida melhorou.

Nem sempre o fura-greve é alguém egoísta que não se importa com a coletividade. Muitas vezes um trabalhador assalariado decide não aderir à organização de sua classe porque se identifica mais com seus patrões do que com os seus colegas. O fura-greve muitas vezes acredita que ele é especial no seu trabalho, que é o seu mérito individual que interessa ao patrão — e não o seu potencial de desarticular uma mobilização que coloca em risco os lucros da empresa. Se o fura-greve souber aproveitar as oportunidades, ele crê, um dia também terá uma fábrica para chamar de sua. Não se trata de egoísmo o que seduz o fura-greve, mas da promessa de acesso a um privilégio de classe.

Nós vemos muitas mulheres se comportarem como o fura-greve no mundo do trabalho. São as mulheres que "não se deixam ser assediadas", que "aprenderam a impor respeito", que são tratadas "como um dos caras". Como se lhe faltasse consciência de classe, a mulher fura-greve acredita que tem o bilhete premiado para uma vida sem opressões e aprende a performar em ambientes machistas de uma maneira que não perturba a ordem, mas que também a descola das demais mulheres. Como às vezes isso resulta em uma melhora das suas condições de trabalho — ainda que frequentemente seja uma melhora bastante frágil —, ela acha que resolveu o problema do machismo em sua vida.

    Inebriada pela ilusão de poder que a identificação com a masculinidade lhe oferece, a mulher "fura-greve" perde a capacidade de se solidarizar com as demais no trabalho. Ela também passa a defender os comportamentos machistas de seus colegas homens, servindo como uma força que ora legitima ora apaga as opressões presentes naquele ambiente. Ela acha, por exemplo, que quando um grupo de seus colegas homens faz uma piada machista na sua frente, isso significa que eles a respeitam, pois a tratam como um par — até o dia em que um deles tentar agarrá-la à força ou o dia em que ela voltar da licença-maternidade e perceber que é preterida em todas as oportunidades de avanço na carreira. Cedo ou tarde, a mulher "fura-greve" se dá conta de que ela jamais será de fato um dos caras. Por mais que ela tente, é construída socialmente como mulher e tratada estruturalmente como tal.

    Aqui vale relembrar os ensinamentos que a luta sindical nos proporcionou nesses últimos 150 anos. Quanto mais organizadas e unidas estivermos, mais ameaçadoras seremos ao patriarcado. Isoladas, não conseguiremos mudar nada, ainda que algumas de nós consigam acessar uma posição um pouco mais confortável que as outras. É bastante tentador achar que você é uma mulher tão foda que até parece um cara. Essa ilusão, contudo, além de ludibriar você, acaba trabalhando para validar uma estrutura social que prejudica a todas nós. E, sim, é muito provável que você já tenha em algum momento agido como uma mulher "fura-greve" — é o caso das autoras deste livro, por exemplo. Como sempre falamos, as negociações diárias são

> bem mais complexas do que a teoria. A ideia aqui é muito mais abrir um convite à reflexão do que apontar o dedo acusatório às mulheres. Apenas pela coletividade mobilizada e engajada avançaremos. Mulheres de todo o mundo: uni-vos!

Há tanta confusão sobre o ideal de comportamento com relação à nossa sexualidade que fica muito difícil entender quem somos no meio de tanto barulho. Não é para menos. A sexualidade das mulheres há séculos é produzida histórica e socialmente como algo indesejável e até mesmo perigoso. O historiador francês Jean Delumeau define a Modernidade como o período em que os homens enfim conseguiram se impor perante os medos que constituíram a Idade Média: o medo de Deus e seus castigos, o medo da natureza e sua selvageria, o medo da mulher e sua capacidade de despertar paixões. O medo de Deus foi superado pela consolidação do Estado e a legitimidade laicizada do rei. O medo da natureza e sua selvageria, por sua vez, foi superado pela crença na razão como força organizadora da sociedade, capaz de impor-se sobre as forças naturais. E o medo da mulher foi superado pelo controle do seu corpo e pela submissão da sua sexualidade à reprodução.

Apropriarmo-nos de nossa sexualidade para exercê-la de maneira autêntica, emancipada e potente é um desafio para o qual temos poucas respostas óbvias — e certamente jamais encontraremos uma fórmula mágica que funcione para todas nós. Talvez a maior dificuldade seja conseguir caminhar por essa linha tênue entre assumirmos nossa sexualidade por completo e apenas colocá-la à serviço das estruturas patriarcais e de dominação masculina. Trata-se de uma equação bastante delicada, difícil de diferenciar: quando é que somos sexy nos nossos próprios termos ou para atender a desejos completamente alheios e estrangeiros?

Mas, calma, nem tudo está perdido. De novo, a relação que construímos com as roupas pode ser útil para o nosso autoconhecimento. Quando nos vestimos, conseguimos entender melhor se o fazemos para os outros ou para nós mesmas. Se nos olhamos no espelho e gostamos do que vemos, se nos sentimos bem no nosso próprio corpo, com as roupas que nos deixam seguras e confiantes, estamos perto de assumir mais autonomia na construção dos nossos próprios desejos. Precisamos também diluir a fronteira entre o sexy-ligado-ao-corpo e o sexy-sem-corpo, misturando mais as maneiras de construir o que achamos sensual.

Pensar, contudo, que por algum motivo estamos protegidas das estruturas de privilégio baseadas em gênero é uma espécie de falsa consciência de classe. Mais cedo ou mais tarde a interdição do acesso aos privilégios masculinos se impõe a nós. Encaremos o fato de que nada nos fará ter acesso àquilo de que eles usufruem, e passemos então a tentar construir um mundo sem tais privilégios. Em vez de gastarmos tanta energia para pertencer à fraternidade masculina, lutemos por um mundo em que nem o gênero nem nada mais seja um marcador determinante de distribuição de privilégios. Nesse processo, certamente conseguiremos encontrar caminhos para nos sentirmos sexy nos nossos próprios termos e avançaremos nas formas de exercer nossa sexualidade da maneira mais autêntica e emancipatória possível.

4
MÃE COM ESTILO E ESTILO DE MÃE

Neste capítulo, vamos aproveitar o tão relevante tema da maternidade e roupa de trabalho para retomar e organizar os principais pontos discutidos até aqui. Você pode ser mãe de dois, como a Thais, ou não ser mãe nem de pet, como a Mayra, e ainda assim as discussões a seguir vão lhe interessar. Afinal, a maternidade é um tópico que afeta todas as mulheres, mães ou não, e permeia permanentemente o mundo do trabalho. Mesmo as mulheres que não têm e as que decidiram não ter filhos são afetadas pelas estruturas de uma sociedade que se construiu sobre a invisibilização do trabalho reprodutivo. Para a vida das que são mães, a maternidade traz mudanças profundas. E não importa o quanto tentemos dramatizar essa afirmação, continuaremos sem dar conta do tanto que ela é verdadeira.

Se a maternidade é a realidade para a maioria de nós, precisamos pensar em desafiar a estrutura que nos discrimina por fazermos um dos trabalhos mais importantes para a sociedade, que é o de criar seres humanos. E um sutiã de amamentação por baixo de uma camisa de seda ou uma bolsa grande o suficiente para caber um laptop e fraldas são caminhos promissores para essa reflexão. Muitas mulheres que se tornaram mães recentemente procuram os workshops de Estilo no Trabalho, oferecidos pela Farage Inc, também como forma de redescobrirem sua identidade, que aos poucos se apaga no puerpério. No processo de se entender como mãe, a roupa se torna uma guia capaz de concretizar melhor as tensões que advêm do novo papel social que adquirimos. Pensar sobre o que vestir passa a ser o terreno para superar parte das tensões que a maternidade evoca. E neste capítulo vamos explorar a potencialidade dessa estratégia.

ROUPA DE MÃE

Vestir-se para trabalhar já é difícil, normalmente, para quase todas as mulheres. Quando a realidade é uma barriga de gravidez ou um corpo ainda muito remexido pelo pós-parto, o exercício de encontrar a roupa adequada para o trabalho fica ainda mais desafiador. Falamos até aqui como, em geral, usamos a roupa no ambiente de trabalho como forma de sermos respeitadas. Também discutimos como essa construção de respeito muitas vezes exige tentar acessar o privilégio masculino por meio da apropriação de elementos do vestuário tipicamente associados aos homens. No trabalho, quando nos esforçamos para nos encaixar no padrão masculino de ocupação do espaço público, às vezes conseguimos — mesmo que por poucos minutos — um pouco do privilégio que os homens têm de não precisarem, o tempo todo, responder sobre as decisões pessoais de ter filho ou não.

Estar acintosamente grávida e carregar uma barriga que contém um bebê, contudo, torna essa estratégia impossível. A materialização da maternidade, em tempo integral, é uma questão não só na hora de se vestir — nada mais cabe como antes, nenhuma roupa nos acompanha confortavelmente pelos nove meses, os pés incham e o mal-estar é uma realidade na maioria dos casos. Além dessas mudanças, ainda é preciso lidar com o constante comentário sobre o corpo e com o ofensivo livre acesso que as pessoas parecem acreditar ter à barriga de uma mulher grávida. É impossível fingir, mesmo que só durante uma reunião, que não há barriga, que não há gravidez, que não somos mulheres. As chances de alguém interromper você durante uma reunião só para tocar na sua barriga, sem pedir licença, são altas.

A gravidez talvez seja o momento mais crítico para uma mulher que disputa espaços tradicionalmente ocupados por homens. E, de novo, não pelas mudanças naturais esperadas em um processo complexo de produção de um ser humano, mas, sobretudo, pela forma como somos tratadas quando aparentamos estar grávidas. Há pesquisas suficientes para encher uma biblioteca sobre como ter filho afeta a carreira de homens e mulheres de maneira profundamente distinta. Apesar de todas as mães que trabalham saberem disso, há muitos dados que comprovam essa realidade.

Ter um filho ajuda a carreira do homem, pois um pai de família, além de ser um homem sério e confiável, é alguém que precisa ganhar mais para sustentar sua família. Para uma mulher, ao contrário, a maternidade prejudica a carreira de maneira significativa. As mulheres que são mães têm mais dificuldade de entrar ou retornar ao mercado de trabalho e são sistematicamente preteridas nas promoções internas. De acordo com um estudo de 2019 da Fundação Getulio Vargas, metade das mães que trabalham é demitida em até dois anos após o fim da licença-maternidade.

A combinação desses dados com a frase clássica, repetida à exaustão em espaços profissionais, de que "gravidez não é doença", compõe um cenário profissional hostil que explica por que as mulheres são expulsas do mercado de trabalho quando decidem ter filhos. A afirmação "gravidez não é doença" abre espaço para a deslegitimação dos mal-estares típicos de um corpo sobrecarregado e apaga os limites biológicos de uma mulher grávida. Quando analisamos os números a respeito de gestação e carreira profissional, os dados mostram que ter filho, aparentemente, é sim uma doença grave o bastante para justificar demissões e inviabilizar contratações.

Falando de moda, especificamente, temos ainda o deboche clássico e com requintes de crueldade da referência à infame "roupa de mãe". Thais costuma dizer que mãe só é cool no Dia das Mães. No restante do ano, "mãe" é uma palavra associada a ser cafona, malvestida e malcuidada. Mãe é brega e não entende de tecnologia. Mãe precisa sofrer e é seu dever se sacrificar pelos filhos. Mãe não faz sexo nem pode usar roupa sexy. Mãe precisa deixar de lado a minissaia e aposentar o salto alto. A "roupa de mãe" é um conjunto de moletom confortável porque ela não é mais uma pessoa com vontades e aspirações próprias. Ela é um ser humano imaculado, que não sente calor nem frio, dor ou desejo. Mãe existe apenas para cumprir funções relacionadas aos filhos e às tarefas domésticas: gestar, parir, amamentar, levar e buscar na escola, proteger contra os perigos do dia a dia, cozinhar, encarregar-se da alimentação saudável e da formação de caráter, exigir boas notas, estar atenta e forte para qualquer demanda possível e imaginária que venha do filho. Não, obrigada.

Thais, quando está com os filhos e recebe um elogio sobre sua aparência ou seu look, em geral ouve alguma versão de "nossa, você nem parece mãe". Sempre que isso acontece, ela responde prontamente: "Pareço, sim. É a sua visão de mãe que talvez esteja um pouco deturpada". Que mãe é essa que ainda esperamos que as mulheres sejam? O que faz uma mulher "parecer mãe" ou não? Enquanto isso, perdemos as contas de quantos homens conhecemos no trabalho, na balada e na academia que jamais mencionam a existência dos filhos e só descobrimos que são pais quando os vemos por acaso almoçando com a família em algum restaurante num domingo qualquer. Não por acaso, poucos são os pais que tiram a barba porque ela incomoda a pele do bebê, mas conhecemos várias mães que cortam as unhas bem curtinhas para não correrem o risco de arranhar a cria.

Por outro lado, a maternidade não apaga a exigência social de que as mulheres devem se cuidar e ser minimamente vaidosas. Desde que não o sejam muito. Não pode ficar descabelada e de pijama no puerpério, mas também não pode fazer as unhas e mudar a cor do cabelo. Vaidosa, mas só um pouco. Arrumadinha, mas não montada. Feminina, mas não sexy. Precisa emagrecer, mas não pode ficar muito gostosa. Pode trabalhar, ganhar um dinheirinho, mas carreira, não, porque senão, coitadinha da criança. A identidade de mãe, sob o patriarcado, deve anular todas as outras que já existiram e as que ainda poderiam existir associadas àquele corpo.

Nesse arranjo, a roupa funciona como um acordo visual para legitimar o discurso do patriarcado: a maternidade é uma instituição que, sob a chancela do amor, realiza um monte de trabalho não remunerado e não respeitado que, apesar de invisibilizado, é fundamental para o funcionamento da sociedade e indispensável à nossa existência. Pelo contrato social fraterno, as mães não podem existir em alto e bom som e devem ser passionais apenas a respeito dos filhos, da família e do tal amor materno. Mas como nos lembra Silvia Federici, isso que é chamado de amor materno, nós chamamos de trabalho não remunerado. Não toparemos.

Por isso, convidamos você a repensar as críticas e os elogios feitos às mães. Não tem que engordar, não tem que emagrecer, não tem que ficar arrumadinha-se-não-seu-marido-te-larga, não tem que ter marido, não tem que ficar largada para demonstrar amor incondicional, não tem que ser feminina, não tem que ser sexy, não tem que ser menos feminina, não tem nem que ter filho, inclusive. Não tem que engravidar; adoção é também uma via de parto legítima. Não querer fazer esse tipo de trabalho reprodutivo também está valendo. E aqui lembramos, mais uma vez, que a pauta da maternidade diz respeito a todas as mulheres, com ou sem filhos. Não é porque não somos mães que não devemos assumir coletivamente a responsabilidade de criar um mundo mais justo para as mulheres que o são.

É MENINO OU MENINA?

Não é um trabalho simples este, o de criar seres humanos. Especialmente complicada é a negociação diária, quase constante, entre o mundo que queremos para os nossos filhos e o mundo em que nossos filhos vão de fato viver. Não queremos transformar nossos filhos em bastiões da resistência, mas também pode ser angustiante aceitar que vão crescer e se conformar com essa sociedade cheia de problemas. Questões como essas já começam a aparecer logo nos primeiros meses de gestação, com a expectativa sobre o "sexo do bebê" — e todos os comentários que inundam logo depois da pergunta "é menino ou menina?".

Há mais de trinta anos, Judith Butler — considerada uma das mães intelectuais da teoria de gênero — disse em seu célebre livro *Problemas de gênero* que quando o médico anuncia à gestante "é menino" ou "é menina", tal declaração possui uma carga semântica e política que está muito além de uma descrição fisiologicamente objetiva. Declarar que um feto "é menino" ou "é menina" inaugura uma série de práticas, expectativas, compreensões e projeções sobre aquele ser humano. Homens e mulheres são socializados de maneira bastante distinta desde esse primeiro momento declaratório que sela o nosso destino. Se a ideia é desconstruir os papéis sociais de gênero, talvez seja possível fazer alguns enfrentamentos não muito custosos no início da vida dos filhos.

Todas as mães e pais que tentam ou já tentaram desconstruir papéis sociais de gênero entendem bem como é difícil escapar do determinismo social. Toda mãe certamente já passou pela experiência de ir comprar um babador e precisar responder se é para um menino ou para uma menina, como se essa informação fosse relevante para escolher uma peça que se coloca ao redor do pescoço a fim de impedir que a comida suje a roupa. Cada vez mais mães, pais, cuidadoras e educadoras, contudo, assumem a tarefa de recusar as construções simplórias de coisas "para meninos" e "para meninas". Aos poucos, o próprio mercado tem entendido o recado e hoje já vemos marcas que fazem roupas e brinquedos infantis sem qualquer indicação de gênero. Ainda estamos longe de viver em um mundo em que o gênero não determine a distribuição de privilégio e opressão, mas podemos tomar pequenos passos nessa direção.

Nossa proposta é, então, desobrigar as mães, começando pelas roupas. Ter estilo é conseguir se vestir de você mesma, fazer uma curadoria honesta com quem você é no momento presente — porque se é verdade que estamos sempre em transformação, imagina então quando estamos grávidas! E não é fácil. Em uma sociedade bombardeada por informações e por imagem, sob uma cultura que impõe o padrão da eterna juventude às mulheres, escolher o que vestir não é tarefa simples. Conseguir fazer essa curadoria justa com quem você é não é moleza, que dirá depois de passar pela revolução que é a maternidade — seja ela como for. Vamos abrir espaço nesta roda para que as mulheres mães não saibam o que vestir e não sofram por isso. O pós-puerpério — que acontece também para quem adota — é um reencontro conosco e também um convite para o novo. O armário nos encontra no caminho. Sem pressão.

Vale lembrar que estilo não diz respeito ao que o outro acha, não tem a ver com certo e errado, e não é sinônimo de controlar a mensagem que nossas roupas transmitem. Ter estilo é conseguir vestir uma roupa que te faz feliz, que joga o seu jogo, que funciona para você com a vida que você leva, com o sonho que você tem, que conta um pouco da sua história. O "outro" é muita gente, e impossível de ser agradado.

MATERNIDADE E TRABALHO REPRODUTIVO

Só conseguiremos desvendar o porquê das assimetrias entre maternidade e paternidade se entendermos que vivemos em uma sociedade que criou diferenças entre trabalho produtivo e trabalho reprodutivo. O primeiro é aquele considerado "trabalho de verdade", remunerado e feito fora de casa; é o que, em geral, chamamos apenas de trabalho. O segundo envolve o cuidado da casa e dos filhos, não é remunerado e é sistematicamente invisibilizado. Em vez de reconhecer como trabalho a atividade de manter vivo um ser humano incapaz de fazê-lo por conta própria, nós a chamamos de "vocação materna" e esperamos que as mulheres deem conta do turno extra. Por esse motivo, é muito difícil nos apresentarmos ao mesmo tempo como mães e boas profissionais — e acabamos sempre nos desculpando por ter filhos ou tentando esconder essa realidade no trabalho. Precisamos ser muito dedicadas e competentes para dar conta de dois empregos de período integral. Portanto, na hora de nos vestirmos profissionalmente, o "estilo mãe" é sempre ruim, e usamos a roupa como forma de tentar demarcar uma separação entre a nossa versão "profissional do trabalho produtivo" e "especialista do trabalho reprodutivo".

Uma das discussões mais importantes entre os diferentes feminismos se dá justamente na tentativa de entender o porquê dessas dinâmicas. E não é apenas uma discussão teórica. Compreender as relações entre o privilégio masculino e as estruturas sociais é uma tarefa relevante para pensarmos estratégias de resistência e construirmos alternativas. Para uma parte das feministas, os problemas relacionados às hierarquias baseadas em gênero são determinados pela maneira como a sociedade capitalista instrumentalizou o patriarcado em seu favor, o que necessariamente torna a luta das mulheres um enfrentamento também às instituições liberais do capitalismo. Ou seja, os homens acabaram ocupando sozinhos o espaço público porque, dotados do privilégio masculino herdado, puderam escolher estar no único lugar de produção de valor na sociedade no momento em que a produção de valor passou a ser o critério exclusivo de prestígio social.

As feministas marxistas são, em geral, as principais representantes dessa perspectiva. Por exemplo, as autoras de *Feminismo para os 99%*, Nancy Fraser, Cinzia Arruzza e Tithi Bhattacharya, explicam que as dinâmicas de dominação masculina pré-capitalistas são completamente reestruturadas com o advento do novo sistema. Tanto que, para elas, não faz sentido falarmos de liberação das mulheres sem discutirmos também o enfrentamento das principais instituições que caracterizam o capitalismo. Nessa vertente feminista, a condição subalterna das mulheres persiste porque o capitalismo depende da manutenção das hierarquias de gênero para se manter. A invisibilidade do trabalho feito tipicamente por mulheres em casa — como as tarefas domésticas e o cuidado com os filhos e os idosos — é uma condição de sustentabilidade do capitalismo, que não teria condições de sobreviver se tivesse de remunerar todo o trabalho feito por elas.

Já para outra parcela de feministas, a condição subalterna das mulheres em relação aos homens é uma estrutura social independente o suficiente para existir e se reproduzir para além do capitalismo e de suas instituições. Isso significa que as práticas machistas já existiam antes do capitalismo, e continuarão a existir ainda que transicionemos para outros arranjos econômicos e políticos. Ou seja, a diferenciação entre público e privado acabou por prestigiar mais o espaço público porque eram os homens a ocupar quase que exclusivamente o mundo do trabalho remunerado. Não é a natureza da atividade, nem a sua valorização social em si mesma que gera o privilégio para quem a exerce, mas sim quem estruturalmente exerce a atividade que confere o privilégio àquele espaço.

A filósofa francesa Christine Delphy é uma das que melhor defende essa posição. Ela dá o exemplo da fazenda de porcos na França rural — e aqui pedimos licença às leitoras veganas e vegetarianas, mas o exemplo utilizado pela autora é de fato bastante ilustrativo. De acordo com Delphy, a primazia do privilégio masculino nas configurações das relações de trabalho capitalistas fica evidente quando analisamos como atividades idênticas, feitas no mesmo espaço, são tratadas de maneira completamente diferentes a depender de quem as realiza. Observemos a atividade de matar um porco para fins de alimentação. Em uma unidade rural típica do interior francês, sustentada pelo trabalho de uma família nuclear, o homem trabalha matando alguns porcos por semana e prepara sua carne para comercialização. A mulher, por sua vez, dentre as diversas tarefas de cuidado que possui, também mata um porco por semana e prepara a carne para as refeições da família. Os porcos mortos e comercializados são contabilizados no PIB francês, enquanto os porcos mortos e utilizados na alimentação doméstica, não. A escolha por contabilizar no PIB o que se torna mercadoria e não apenas a quantidade de cabeças existentes na fazenda demonstra, em um exemplo simples mas significativo, que a mesma atividade pode ser valorizada de maneira completamente distinta a depender do gênero que a exerce.

Para os debates que queremos ter neste livro, basta manter a dúvida como questionamento permanente. Talvez esse seja um debate tão central ao feminismo justamente porque não existe para ser resolvido, mas para que a tensão entre as duas perspectivas seja mantida viva e presente em nossas discussões. Estamos acostumadas, de acordo com os distintos feminismos, a navegar tensões e a entender que às vezes precisamos aceitar que perspectivas contrárias podem conviver e nos ajudar a explicar a realidade. É, inclusive, péssimo para a organização da nossa resistência achar que no feminismo se disputa para saber qual vertente está certa. Nossas diferenças epistemológicas não deveriam fragilizar nossas lutas, mas fortalecê-las, deixando nossas estratégias mais complexas. A ideia de uma só solução para os problemas é uma herança bastante masculina, decorrente da pretensão de universalidade e aspiraçãoególatra de uma narrativa única para entender o mundo. De acordo com o feminismo, nós aprendemos que a complexidade é necessária, pois nossas questões são diversas.

O mundo do trabalho finge ser independente do espaço privado da casa. Todos nós, quando vamos à primeira entrevista de emprego, só conseguimos estar ali porque pelo menos uma pessoa, talvez mais de uma, cuidou muito de nós nos nossos primeiros anos de vida e provavelmente seguiu cuidando, mesmo depois que adquirimos a capacidade de sobreviver por conta própria. Quando entramos no mercado de trabalho, somos adultos formados, mas ninguém se interessa pelo caminho que trilhamos até ali. Todos nós sabemos, ainda que não reconheçamos com a devida justiça, que os adultos que hoje trabalham e circulam por aí só o fazem porque alguém os manteve, por anos, alimentados, limpos e seguros. Alguém nos ensinou a não colocar o dedo na tomada. Alguém percebeu que estávamos com febre e tomou as medidas necessárias. Alguém preparou nossa comida e nos mostrou como ingeri-la.

Todo esse trabalho acontece no ambiente doméstico, fechado dentro de casa e realizado informalmente dentro da família. Vivemos numa sociedade na qual uma parte significativa do trabalho reprodutivo é, portanto, completamente privatizada às custas das famílias — mas não de qualquer pessoa da família. Segundo uma pesquisa do IBGE sobre o trabalho de cuidado — conjunto de atividades que envolvem a manutenção do bem-estar e da vida de quem não consegue sobreviver por conta própria —, até 2050 um terço da população brasileira será formado por pessoas (em geral crianças, idosos e pessoas com deficiência) que dependem do cuidado de alguém. De acordo com a pesquisa, 90% desses indivíduos serão cuidados de maneira informal — ou seja, sem remuneração e fora das relações típicas de trabalho — por algum membro de sua família. E adivinhem quem vai ser esse membro da família responsável pelo cuidado na maioria dos casos? Pois é: 85% dessas cuidadoras informais serão mulheres, mães, filhas, enteadas, sobrinhas e netas que arcam com o trabalho de ser responsáveis pela manutenção da vida de outra pessoa.

Felizmente, em 2021, a questão ganhou um reforço positivo: a Argentina, seguindo os passos do Uruguai e do Chile, passou a reconhecer o trabalho materno como tempo de contribuição para a aposentadoria. A medida, que contempla as mulheres com sessenta anos ou mais que não tenham atingido o mínimo de trinta anos de serviço, acrescenta de um a três anos de contribuição a cada filho. Como a própria Administração Nacional de Seguridade Social comemorou ao anunciar a conquista em seu Twitter oficial: "Com o reconhecimento das tarefas de cuidado como tempo de serviço, reparamos uma desigualdade histórica e estrutural ao considerar e valorizar o tempo que as mulheres destinaram e destinam à criação de suas filhas e filhos".

OS DIREITOS DAS MÃES

Há uma série de proteções específicas para as mães no ordenamento brasileiro que nem sempre são respeitadas. Fizemos então esta listinha para que você as conheça melhor e se aproprie desses importantes instrumentos de reivindicação:

Direito a não ser discriminada no trabalho por estar grávida ou por ser mãe: o artigo 373-A, inciso III, da CLT, dispõe que, ressalvadas as disposições legais destinadas a corrigir as distorções que afetam o acesso da mulher ao mercado de trabalho e certas especificidades estabelecidas nos acordos trabalhistas, é vedado considerar o sexo, a idade, a cor ou a situação familiar como variável determinante para fins de remuneração, formação profissional e oportunidades de ascensão profissional. A mulher grávida ou puérpera também tem direito a estabilidade provisória no trabalho, não podendo ser demitida, sem justa causa, desde o momento da confirmação da gravidez até cinco meses após o parto. Há ainda duas proteções importantes previstas no art. 392, §4º da CLT para a trabalhadora durante a gravidez: é garantida à mulher a transferência de função, quando as condições de saúde o exigirem, assegurada a retomada da função anteriormente exercida, logo após o retorno ao trabalho; e também é garantida a dispensa do horário de trabalho pelo tempo necessário para a realização de, no mínimo, seis consultas médicas e demais exames complementares.

Licença-maternidade: a joia da coroa dos direitos relativos à maternidade e um reconhecimento importantíssimo do trabalho reprodutivo que é feito pelas gestantes e puérperas. Está previsto inclusive na Constituição Federal, no art. 7º, inciso XVIII. É reconhecido tanto para servidoras públicas quanto para servidoras celetistas e sua duração pode variar de 120 a 180 dias, a contar a partir do nascimento ou, se for do desejo da mulher, a partir do 28º dia antes do parto. Importante destacar que, desde 2017, a licença-maternidade também será concedida à trabalhadora que adotar ou obtiver a guarda judicial. O direito de afastamento remunerado por 120 dias é garantido também em caso de o bebê nascer sem vida ou vir a falecer em seguida ao parto.

Proteções relativas à gestação e ao parto: a lei 11108, de 2005, estabelece que toda mulher tem direito a um acompanhante durante o período de trabalho de parto, parto e pós-parto imediato. Também é garantido à mulher o direito de compartilhar os custos da gestação e do parto com o genitor da criança. Toda gestante e toda lactante tem direito a atendimento prioritário em hospitais, órgãos e empresas públicas e em bancos. Outro marco legal importantíssimo foi estabelecido pela portaria nº 569 do Ministério da Saúde, de 2000, que criou o Programa de Humanização no Pré-Natal e Nascimento no Sistema Único de Saúde, que prevê o direito ao acesso a atendimento digno e de qualidade no decorrer da gestação, no parto e no puerpério, além da realização de no mínimo seis consultas de acompanhamento pré-natal.

Proteções relativas à amamentação: de maneira geral, a amamentação é um direito de todas as mulheres e é bastante protegida por uma série de normas. Está consagrado, entre os direitos e as garantias fundamentais do artigo 5º, por exemplo, que às presidiárias serão asseguradas condições para que possam permanecer com seus filhos durante o período de amamentação. É também garantido que a mulher possa amamentar durante a realização de uma prova de concurso público. No trabalho, a CLT prevê dois intervalos diários de trinta minutos cada, até que a criança complete seis meses. Se a empresa possui mais de trinta funcionárias mulheres, ela é obrigada a disponibilizar salas apropriadas para amamentação. Em diversos estados, como Rio Grande do Sul, São Paulo, Minas Gerais, Piauí e Rio de Janeiro, há leis que proíbem expressamente que uma mulher seja expulsa de estabelecimentos comerciais durante a amamentação.

COLETIVIZAÇÃO OU TERCEIRIZAÇÃO DO TRABALHO REPRODUTIVO?

Se o trabalho reprodutivo é fundamental para a sociedade, ele precisa ser feito de forma constante. Sabemos que o arranjo atual, que invisibiliza esse tipo de trabalho e disfarça atividades laborais como manifestações da vocação materna, não funciona mais para as mulheres. Julgamos importante que isso mude. Mas como? Qual a melhor forma de lidar politicamente com o trabalho reprodutivo, de modo a reconhecer sua importância e garantir sua continuidade sem onerar injustamente uma parcela da população? Não basta dar visibilidade ao trabalho reprodutivo, precisamos demandar que deixe de ser privado, ou seja, temos de torná-lo uma responsabilidade de toda a sociedade e uma prioridade do investimento público. Precisamos diferenciar, portanto, a mera terceirização dessas atividades — que atende a necessidades imediatas individuais, sem contudo mexer na estrutura social — da sua efetiva coletivização — que tem um potencial de produzir mudanças efetivas para todas as mulheres, além de enfraquecer as estruturas patriarcais de dominação masculina.

Quando Sheryl Sandberg, a diretora de operações bilionária do Facebook, escreveu o best-seller *Faça acontecer* para discutir a falta de participação feminina no topo da cadeia corporativa, ela dedicou um total de zero linhas para falar de trabalho reprodutivo a partir de uma perspectiva de responsabilidade social. A demanda mais radical e subversiva que ela conseguiu estabelecer sobre isso foi sugerir que o trabalho doméstico seja dividido de forma equilibrada entre o casal. A partir de uma lógica de responsabilização quase que apenas individual e conceitualmente individualista, ela também recomendou que as mulheres não se sentissem obrigadas a sacrificar o trabalho para atender às demandas da família.

Apesar dos questionamentos relevantes feitos por Sandberg, parece que não resolveremos o problema do trabalho reprodutivo enquanto o mantivermos na esfera privada e buscarmos soluções individuais. Com quem as mães solo vão compartilhar os afazeres domésticos? Quem vai cuidar dos filhos no horário de trabalho? De onde sairá o tempo para limpar e cozinhar em uma semana que já exige 44 horas de trabalho formal remunerado? Se a nossa resposta para isso for terceirizar o trabalho reprodutivo para que outras mulheres, muitas vezes em situações de trabalho precárias, o façam no nosso lugar, criaremos condições para que somente algumas mulheres consigam brigar por espaço no mundo do trabalho formal, às custas de outras. A terceirização do trabalho reprodutivo não chega à raiz do problema e, ao fim e ao cabo, acaba reforçando a legitimidade da ocupação dessas atividades por mulheres.

É evidente que não queremos responsabilizar as mulheres que contratam babás e trabalhadoras domésticas pela estrutura injusta da distribuição do trabalho reprodutivo. Não nos interessa produzir um conjunto de novas normas sobre o que cada mulher deve ou não fazer, nem apontar dedos para as escolhas individuais de cada uma. Longe disso. O intuito, aqui, é pensarmos juntas — sempre juntas, coletivamente — em um modo de elaborar estratégias que endereçem esse problema em sua raiz. A terceirização resolve a demanda imediata de uma mulher específica. E, é claro, a renegociação intrafamiliar para que os homens assumam uma parte do trabalho reprodutivo é mais que urgente e necessária. Mas só conseguiremos de fato transformar o modo de funcionamento do trabalho reprodutivo se enfrentarmos a estrutura que mais colabora para a sua manutenção: a privatização por meio do seu confinamento ao espaço doméstico.

Há mais de cem anos, ainda nas primeiras décadas do século xx, as mulheres alemãs e soviéticas envolvidas na liderança das revoluções socialistas em seus países já reivindicavam que uma sociedade justa só seria possível se o trabalho doméstico fosse efetivamente coletivizado e assumido como uma responsabilidade do Estado. Rosa Luxemburgo e Clara Zetkin, na Liga Espartaquista, por exemplo, organizaram em 1919 um programa compreensivo de demandas revolucionárias específicas paras as mulheres. Para elas era muito evidente que o mundo do trabalho só poderia ser justo se reconhecêssemos como tal todas as atividades que as mulheres exercem no lar.

Dentre as demandas revolucionárias estavam incluídas creches, lavanderias e cantinas públicas organizadas e mantidas pelo Estado, para que as atividades de cuidar de crianças, lavar roupas e cozinhar fossem assumidas pelo poder público na forma de prestação de serviços essenciais, assim como transporte, saúde e educação. Alexandra Kollontai, que dirigiu o soviete de Moscou desde a Revolução Russa de 1917, teve a oportunidade de implementar essas medidas em conjunto com a legalização do aborto, determinação que tornou a União das Repúblicas Socialistas Soviéticas o primeiro Estado a fazê-lo. Até hoje os escritos de Kollontai daquela época evocam questões que não conseguimos resolver. Ao colocar o trabalho reprodutivo no centro da discussão, ela se preocupou em pensar a revolução do ponto de vista das mulheres trabalhadoras — todas as mulheres que realizavam todo tipo de trabalho, sobretudo aquele invisível.

Recentemente, algumas pesquisadoras se dedicaram a explicar um dado que aparece bastante em estudos comparativos entre a vida cotidiana na Alemanha Ocidental e na Alemanha Oriental durante os anos da Guerra Fria: as mulheres que viviam no regime socialista tinham, em média, o dobro de orgasmos em relação às que viviam no regime capitalista. Estavam, ainda, mais realizadas sexualmente de maneira geral, além de sentirem que viviam sua sexualidade de maneira mais intensa e autêntica. Via de regra, parece que as mulheres do Leste Europeu tinham uma vida sexual mais satisfatória do que as mulheres do Ocidente.

A pesquisa que até hoje explicou melhor esse aspecto foi conduzida pela etnógrafa e professora de estudos russos da Universidade da Pensilvânia Kristen Ghodsee. Ela entrevistou diversas mulheres que viveram na Europa Oriental durante a Guerra Fria e tentou entender como era o sexo por trás da cortina de ferro. E vejam só que curioso: as mulheres relacionavam a coletivização do trabalho reprodutivo com maior liberdade para se dedicarem ao prazer sexual. Afinal, o trabalho reprodutivo não é só exaustivo do ponto de vista físico; é estressante precisar pensar em todas as necessidades dos moradores de uma casa. A distribuição dessa responsabilidade abre também um espaço mental e afetivo que consegue ser ocupado sem tensões pelo sexo. Já parou para pensar quantas brigas entre casais decorrem diretamente do fato de que alguém (ou os dois) está sobrecarregado com as tarefas do lar?

É evidente que as elaborações das mulheres socialistas do início do século xx não representam o único modelo possível de organização das atividades domésticas e do trabalho reprodutivo. Algumas comunidades indígenas e povos tradicionais, por exemplo, desenvolveram arranjos coletivos nos quais as crianças são de responsabilidade de toda a aldeia e não de uma mãe ou pai específicos. É comum escutarmos, sobre a tarefa tão complexa e trabalhosa de educar crianças, que "é preciso um vilarejo inteiro para criar um ser humano" — referência direta a provérbios com significado compartilhado entre distintas culturas do continente africano —, no sentido de que ela jamais pode ser feita apenas por uma pessoa ou um grupo restrito de pessoas. Esses exemplos de coletivização de ao menos parte do trabalho reprodutivo decorrem de arranjos sociais aos quais não foi imposto o modelo tradicional de família burguesa heteronormativa, que ainda é a regra em nossa sociedade capitalista. Precisamos, portanto, entender por que até hoje esse tipo de organização social ainda é tão bem estabelecido e como isso nos afeta.

A TRADICIONAL FAMÍLIA BURGUESA HETERONORMATIVA

As feministas socialistas foram pioneiras ao politizar a sexualidade, rejeitando as abordagens positivistas e biológicas típicas do Ocidente. Quando os ventos revolucionários do fim do século xix começaram a soprar pela Europa, abriu-se a possibilidade de problematizar todas as instituições políticas e sociais até então naturalizadas como as únicas possíveis. Entre elas estava sobretudo a ideia da família tradicional burguesa e todas as práticas a ela relacionadas. Já tratamos aqui de algumas delas, mas ainda falta comentar uma dimensão fundamental — que se relaciona diretamente com a conversa de agora — afetada pela instituição da família: a nossa sexualidade. Precisamos entender a construção da nossa sexualidade se quisermos de fato encontrar caminhos para exercê-la da forma mais autêntica possível.

Organizar-nos socialmente em núcleos familiares compostos de maneira restrita por uma mãe, um pai e filhos é uma novidade até certo ponto recente na história. Conforme já vimos, esse tipo de arranjo determinou a privatização do trabalho reprodutivo e seu consequente apagamento a partir dos limites ao espaço doméstico. Mas há ainda outro desserviço prestado pela tradicional família burguesa forjada durante a Modernidade que se relaciona com a nossa sexualidade: a imposição da heteronormatividade. Não por acaso, na mesma época em que começamos a adotar o formato de família nuclear, também começamos a definir identidades individuais a partir das práticas sexuais. A tradicional família burguesa se define pela heteronormatividade, a qual, por sua vez, existe para dar os contornos necessários a essa instituição. Sustentando tudo isso, está uma das mais arraigadas ideologias que ainda resistem: a conexão naturalizada entre sexualidade e reprodução.

Houve um tempo em que, do ponto de vista político ou social, importava-se pouquíssimo com quem você transava. Ser homem e transar com homens não constituía uma identidade; ser mulher e transar com homens tampouco. Ideologias são fortes justamente pela capacidade que têm de se reproduzir sem questionamento, mas pare para pensar sobre o absurdo que é nos importarmos tanto com os parceiros ou as parceiras que os outros têm — a ponto de isso ser uma identidade política e social. Por que seria tão definidor de uma pessoa o sujeito com quem ela transa, prefere se relacionar ou quais práticas saciam os seus desejos sexuais? Na Antiguidade clássica, até havia uma hierarquia política relacionada às práticas sexuais entre dois homens chamada de *paiderastía*, caracterizada pela diferença de idade entre os amantes. Mas a identidade do *erastes* (o mais velho, que detinha mais prestígio social e político na ágora) e a do *eromenos* (o novinho que ficava sob o jugo sábio de seu amante) estavam relacionadas à diferença de idade entre os homens, e não ao fato de serem dois homens em uma relação sexual. Hoje, contudo, se você é uma mulher que gosta de transar apenas com mulheres, esse aspecto lhe atribui uma identidade que tem profundas implicações sociais e políticas.

Pense também sobre a relação entre sexualidade e reprodução, que parecem ideias completamente conectadas quando, em verdade, não o são. Veja, por exemplo, que há centenas de milhares de maneiras — está aí a internet que não nos deixa mentir — para transar e dar vazão aos nossos desejos sexuais sem o menor risco de que ocorra a fecundação de um óvulo por um espermatozoide. Até hoje, contudo, quando vamos aprender sobre sexualidade na escola, o foco do debate é contracepção. Óbvio, somos totalmente a favor de educação sexual nas escolas, mas controle reprodutivo é apenas uma parte dela, que só ocupa tanto espaço porque vivemos em uma sociedade que conectou definitivamente a sexualidade à reprodução e limitou o nosso repertório sexual ao reduzir o sexo à penetração vaginal. Tem tanta coisa mais legal que podemos fazer. Imagina se já no início da vida sexual ativa aprendêssemos que o nosso corpo todo pode ser uma zona erógena e que as práticas sexuais são limitadas apenas pela nossa imaginação e pelo que nos dá ou não prazer?

Fato é que há distintos regimes de poder que constroem historicamente nossos corpos e nossa sexualidade — e eles atuam até hoje sobre nós, conformando a nossa subjetividade. Precisamos entender como esses regimes de poder funcionam e como afetam a nossa sexualidade para que consigamos elaborar maneiras de escapar e construir novas práticas e novas formas de nos relacionar, fabricando estratégias de resistência e produzindo outros horizontes de possibilidade para a luta. E, como de costume, retornaremos alguns séculos na nossa história para dar conta dessa compreensão.

Em 1970, Michel Foucault desenvolveu o conceito de biopolítica para explicar o período que temos chamado de Modernidade e colocou a sexualidade no centro da discussão sobre poder — mas não exatamente da forma como Frank Underwood, em *House of Cards*, definiu essa relação ao dizer que "tudo diz respeito a poder, exceto o poder, que diz respeito a sexo". De acordo com Foucault, o século XVIII é caracterizado pela transição do poder soberano para o que ele chama de biopoder, e a sexualidade é um dos efeitos dessa transição. Mas, calma, vamos entender isso melhor.

O que Foucault explica é que, antes do século XVIII, o poder era definido como uma técnica distribuidora da morte, ou seja, quem detinha o poder era quem poderia distribuir a morte entre as pessoas. O soberano era então reconhecido como a pessoa que poderia legitimamente decidir sobre a morte de alguém. Esse poder era corporificado pelo rei, uma figura patriarcal, uma vez que representava a elaboração laicizada do pai. Dessa maneira, a masculinidade passa a ser identificada pela capacidade de distribuir a morte, de matar alguém de forma legítima. Ao longo da história, todo ser humano que foi construído como homem teve, portanto, a sua masculinidade formatada como o poder de matar.

A partir do século XVIII em diante, há uma ruptura na maneira de definir o poder como técnicas de distribuição da morte. O poder passa, então, a ser caracterizado por técnicas de produção e gerenciamento da vida. E é justamente isso o que Foucault chama de biopolítica: o conjunto de técnicas específicas de um poder que se define pela capacidade de administrar a vida. Enquanto a figura masculina era em geral associada ao poder soberano, o biopoder é, por sua vez, associado à figura feminina, que toma o centro do governo da biopolítica. Ao longo da história, todo ser humano que foi construído como mulher teve, portanto, a sua feminilidade formatada como o poder de dar a vida. Nós, mulheres, fomos historicamente formatadas como uma fábrica reprodutiva e, por essa razão, a identidade materna é tão definitiva e totalizante para nós.

O biopoder é um conceito complexo, com várias camadas que não conseguiremos desenvolver aqui. Para facilitar a compreensão do que nos importa — isto é, o tema das mães —, seguimos os ensinamentos de um dos mais brilhantes filósofos feministas da sexualidade, Paul Preciado, que formulou o debate para nos ajudar a organizar a resistência. Para ele, há dois aspectos fundamentais a ser enfrentados com relação à biopolítica. O primeiro deles é a invenção da feminidade como uma entidade anatômica, como um útero a ser controlado pelo poder. O outro é o aparecimento dos discursos médicos que naturalizaram a continuidade entre sexualidade e reprodução.

Entendeu agora por que demos essa volta pela biopolítica de Foucault? Preciado nos explica que a homossexualidade passa, a partir do século XVIII, a ser considerada uma patologia justamente porque o sexo entre dois homens ou entre duas mulheres não é uma prática reprodutiva da biopolítica. Ser homossexual torna-se uma identidade porque passa a representar um fracasso biopolítico, algo que precisa ser tratado como uma patologia individual e social. É por isso que Preciado diz que é uma imprecisão histórica e política chamar os tratamentos de fertilização in vitro de reprodução assistida — afinal, toda reprodução é pelo menos politicamente assistida pela conexão artificial entre sexualidade e reprodução. Não por acaso, Preciado é um árduo defensor da eliminação das categorias masculino e feminino de tudo, bem como das identidades homossexual, heterossexual, bissexual etc. Para muito além das roupas sem gênero, o filósofo quer a ciência sem gênero, a burocracia sem gênero e o desaparecimento total do masculino e do feminino de nossa epistemologia.

Preciado também nos ensinou que é urgente inventar novas práticas de resistência para transformar a nossa sexualidade, para além de simples slogans e palavras de ordem. Em seu *Manifesto contrassexual*, ele defendeu que deveríamos priorizar práticas sexuais que envolvessem partes do corpo que não fossem já previamente marcadas pelo gênero. Para ele, quanto mais nos afastarmos dos chamados "órgãos sexuais", que já surgem com as marcas do masculino e do feminino, mais conseguiremos nos aproximar de práticas não orientadas por esses regimes de poder. A ideia não é rejeitar nenhuma prática em si, mas explorar os nossos desejos tentando escapar daquelas estruturas que nos produzem historicamente e conformam nossas vontades. Se pensamos em práticas sexuais que podem ser feitas entre quaisquer pessoas, independentemente do pênis ou da vagina, chegaremos mais perto de conseguir libertar a libido das construções sociais de gênero.

As roupas nos ajudam a ver de maneira mais concreta esses regimes de poder que confluem para produzir a nossa sexualidade. Espera-se certa propriedade da roupa de uma mãe que assume seu papel na tradicional família burguesa heteronormativa. Existe um figurino bem típico da mãe de família, que atua de maneira a cancelar qualquer indício de sexualidade na mulher. Uma vez cumprido o destino biopolítico de reprodução da vida, deixa de existir qualquer razão social ou política para a sexualização daquele corpo. Mulheres que se tornam mães — de acordo com esses regimes de poder que vêm há séculos nos construindo e nos conformando — passam a ser reconhecidas exclusivamente como mães na sociedade, e perdem até mesmo suas identidades de mulher. De fato existe uma possível combinação hormonal que reduz a libido durante o puerpério para a maioria das mulheres que parem, mas nenhum efeito da prolactina sequer chega aos pés do poder das expectativas políticas e sociais que cobram das mães inseridas na tradicional família burguesa heteronormativa.

Militantes e intelectuais queer já há muitos anos nos chamam atenção para a importância de construções não hegemônicas da sexualidade e de arranjos não tradicionais dos afetos. Ainda que alguns casais de homens gays e de lésbicas consigam acessar o privilégio de serem reconhecidos como família por meio da conformação ao padrão imposto — alguns casais LGBTQIA+, inclusive, reproduzem a heteronormatividade por meio da distribuição típica dos papéis sociais de gênero nas relações de casal —, precisamos ser mais ousadas nas nossas demandas. Tudo bem se você curte a família tradicional burguesa heteronormativa, está tudo certo se esse arranjo funciona bem para você, mas não podemos naturalizá-la como a única maneira de organizar a sociedade, muito menos deixar que esse modelo conforme nossa sexualidade.

AUTONOMIA CORPORAL

A heteronormatividade também impõe violências bastante específicas nos arranjos familiares tradicionais. O Fundo de População das Nações Unidas (UNFPA) publicou, em 2021, um relatório intitulado "Meu corpo me pertence", a partir de informações colhidas em 57 países, com foco na África subsaariana. O interesse da pesquisa era medir a autonomia corporal de meninas e mulheres na região. De acordo com a própria agência, autonomia corporal significa ter o poder e a capacidade de fazer escolhas sobre nossos corpos e futuros, sem violência ou coerção, o que inclui quando, se ou com quem transar, poder escolher engravidar ou não e ter a liberdade para ir ao médico sempre que precisar.

 A partir de três perguntas, avaliou-se a autonomia corporal de meninas e mulheres da África subsaariana: quem geralmente toma as decisões sobre os cuidados com a sua saúde? Quem geralmente decide se você deve ou não usar anticoncepcionais? Você pode dizer não ao seu marido ou parceiro se não quiser ter relações sexuais? O resultado mostrou que 55% das meninas e mulheres — ou seja, apenas um pouco mais da metade — tomam suas próprias decisões sobre seus corpos. Importante lembrar que saúde sexual e reprodutiva faz parte das metas da Agenda 2030 das Nações Unidas para o desenvolvimento sustentável. Sem que tenhamos autonomia para tomarmos as decisões que dizem respeito ao nosso corpo — incluindo aí, e especialmente, poder escolher gestar ou não —, jamais teremos chances de sermos de fato livres.

5
A BUSCA ETERNA PELO LOOK IDEAL

Neste capítulo que encerra o livro, sistematizamos a discussão em forma de conselhos concretos para se ter uma relação mais leve e mais libertadora com a roupa de trabalho. A partir das discussões anteriores, vamos propor possíveis caminhos para que as mulheres pratiquem a atividade diária de se vestir para ir trabalhar de uma maneira mais consciente. Agora que entendemos melhor as raízes políticas que deram origem às tensões e dúvidas que temos na hora de escolher uma roupa, podemos nos concentrar nelas. No decorrer do livro, nós apresentamos as origens históricas do mundo do trabalho e questionamos o protagonismo masculino construído artificialmente por meio de diversos recursos, até mesmo violentos. Esperávamos com isso conseguir facilitar a consciência sobre o sentimento constante de não pertencimento e inadequação no mundo do trabalho que até hoje parece acompanhar a maioria de nós.

Também precisávamos entender o que nós, mulheres, somos no ambiente de trabalho, ou seja, a posição que ocupamos nesse espaço de acordo com nosso gênero. Foi necessário conhecer todas as leis, expressas e tácitas, criadas para dizer como mulheres poderiam se vestir, sem esquecer da quantidade de vezes que homens definiram qual era o ideal feminino de beleza e de vestimenta — em todos os ambientes possíveis. Não podemos esquecer que os papéis sociais de gênero e as expectativas culturais sobre ser mulher são constantemente comunicados, construídos e reafirmados também pelo que vestimos. Tendo isso em vista, é possível usar roupas, cores, estilos, acessórios, códigos e coordenações para transitar no espinhoso mundo do trabalho.

Podemos afirmar que existe uma espécie de "acordo de cavalheiros" para permitir às mulheres a entrada no mercado de trabalho: nenhum look é suficiente e jamais estaremos vestidas de maneira a pertencer efetivamente àquele espaço. Lutamos muito para adentrar o mercado de trabalho formal em condições iguais aos homens, e quando finalmente conquistamos esse espaço, ainda precisamos brigar todos os dias, quase todos minutos, para provar que merecemos estar ali, que pertencemos a ele. No primeiro capítulo, vimos como a racionalidade, essa combinação entre equilíbrio e inteligência, é atribuída apenas aos homens brancos como um pressuposto, sendo um dos principais elementos da nossa cultura que explicam por que praticamente nada na maneira como os homens brancos se arrumam para ir trabalhar faz com que sua capacidade intelectual ou emocional seja questionada.

Em nossas experiências de trabalho, já vimos homens brancos usarem um sapato de cada cor por distração, camisas manchadas, amassadas e com botões soltos por desleixo, ou o clássico: calças compridas demais, com barras que se embolam no sapato. Também já conhecemos homens com implantes capilares e lipoaspirados, homens que vão semanalmente à manicure e outros que gastam pequenas fortunas com procedimentos estéticos em clínicas badaladas de dermatologia. Todos nas hierarquias mais altas de suas carreiras, sem ouvir de nenhuma parte questionamentos sobre sua capacidade de fazer um bom trabalho, seja por desleixo, seja por futilidade. A legitimidade do homem branco para ocupar o espaço de trabalho, como vimos, está dada desde sempre, há pelo menos cinco séculos.

Os homens não brancos e as mulheres, porém, não têm

esse passe livre, o que faz com que precisemos nos provar dignos e dignas de estarmos ali. O problema disso é que muitas vezes nos parece que a única estratégia disponível é tentar ao máximo imitar o comportamento dos homens brancos e o seu suposto tom sóbrio — que, apesar de não ser observado no comportamento diário de vários representantes do gênero, foi muito bem consolidado nas roupas de trabalho tipicamente masculinas. Mas não é nem deve ser a nossa única estratégia, pois, para além da violência da imposição de um comportamento e um modo de ser, a grande verdade é que embora tentemos o nosso melhor para imitar os homens, jamais seremos de fato um deles. O desafio que nos cabe é, então, criar nossos próprios caminhos para a construção do poder próprio ao invés de navegar em um sistema de poder criado para nos manter sempre em posição inferior aos homens.

A IMPOSSIBILIDADE DE TER A IDADE CERTA

No Partido Democrata dos Estados Unidos, duas mulheres ocuparam os holofotes da política institucional nos últimos anos. Uma senhora de 78 anos que assumiu o cargo mais alto do Congresso Nacional, Nancy Pelosi, e uma deputada federal que, com 29 anos, foi a mais jovem mulher eleita para o cargo, Alexandria Ocasio-Cortez. Pelosi usa cores vibrantes, salto agulha e frequentemente combina acessórios extravagantes com seus tailleurs de corte moderno e elegância ímpar. Uma de suas marcas registradas é um lenço ao redor do pescoço, o que costuma ser apontado como uma tentativa de encobrir literalmente as marcas de sua idade. AOC, por sua vez, prioriza cores sóbrias e cortes tradicionais de terninhos e, talvez, suas únicas concessões às marcas da juventude na roupa sejam típicos brincos de argolas douradas e batom vermelho. É evidente que ambas as mulheres são tanto profundas conhecedoras do mundo das instituições formais de poder como excelentes comunicadoras. Pelosi e AOC se esforçam para usar a linguagem da roupa de maneira a suavizar o impacto de suas idades, uma tentando parecer mais jovem, a outra, mais experiente.

De todos os lados, contudo, inclusive em diversos meios progressistas, as idades de ambas as mulheres incomodam. Muitas vezes, as parlamentares foram atacadas só em razão do ano em que nasceram, sem que estivessem em discussão seus posicionamentos políticos ou o trabalho que desenvolviam no Congresso. Pelosi seria velha demais para estar à altura dos novos tempos políticos. Suas abordagens foram consideradas ultrapassadas e sumariamente taxadas de desconectadas do modo contemporâneo de fazer política. AOC, por sua vez, seria inexperiente demais para entender como o Congresso funciona. Apesar de ser a membro do Congresso estadunidense com mais seguidores em redes sociais e de estar à frente de projetos de lei relevantes, continua sendo tratada como uma menina que não sabe o que faz. Está evidente que Pelosi e AOC sabem fazer a roupa trabalhar para elas, e que exploram ao máximo a linguagem da moda para atenuar a juventude ou a velhice. Mas, mesmo assim, suas idades ainda são um ponto de tensão e cobrança no trabalho que exercem como deputadas federais.

Se Pelosi já está muito velha e AOC ainda é muito jovem, haveria então entre a idade de uma e da outra um número ideal? Quantos anos tem a profissional adequada? Esses dois exemplos apenas ilustram de maneira mais acentuada um problema que aflige diversas mulheres no local de trabalho.

Ao longo dos anos, nós duas acumulamos diferentes histórias de mulheres nos mais variados meios profissionais sobre a inadequação da idade. Carina, por exemplo, uma conhecida nossa, trabalha em uma grande empresa internacional de bebidas. Recentemente, aos 35 anos, tornou-se uma das mais jovens gerentes da companhia. Sua chefe direta é uma mulher de cinquenta e poucos anos cujo filho adolescente está terminando o colégio e se preparando para entrar na universidade. Uma chefe, aliás, que reclama bastante por ser tratada pelo seu superior como uma profissional que, nas palavras dele, "se parece com uma tia solteirona". Pois é, bem difícil. Em mais um dia de trabalho qualquer, antes de uma reunião começar, Carina conversava informalmente com a chefe, puxando assuntos do cotidiano, e perguntou a ela se o filho ainda dava muito trabalho, mesmo já sendo quase um universitário. Sua chefe então respondeu: "Carina, meu filho tem quase a sua idade, me dá o mesmo trabalho que você".

Essa breve anedota, bastante representativa de tantas que ouvimos no nosso dia a dia de trabalho, demonstra que a questão de ser "jovem demais" ou "muito velha" é problemática para muitas mulheres em suas profissões. A dúvida mais frequente entre aquelas que procuram uma consultoria de estilo ou o workshop sobre roupa de trabalho está relacionada a isso. Incontáveis foram as mulheres que chegaram aflitas porque queriam mascarar a idade que tinham. As mulheres que se consideram muito jovens gostariam de parecer mais velhas, enquanto as mais velhas querem parecer mais jovens. Não há uma idade ideal para mulheres, especialmente no mundo do trabalho. As jovens têm medo de ser lidas como inexperientes e não confiáveis, de parecerem incapazes de ocupar determinado cargo. Já as mais velhas não querem ser consideradas antiquadas ou desatualizadas. Não há sequer um meio-termo entre quem "ainda é muito novinha" e aquela que "já está velha demais".

Vivemos imersas em uma condição impossível. Nenhuma mulher quer parecer velha. Nenhuma. Ao mesmo tempo, todas nós queremos parar de parecer jovens *demais*. Não queremos ser confundidas com a estagiária quando não o somos, não queremos ser chamadas no diminutivo pelos chefes (em geral, homens), queremos fugir do estigma de parecer uma menina. Todas as mulheres que chegaram aos workshops de Estilo no Trabalho trazendo essa questão da idade tinham um objetivo muito evidente: demonstrar mais senioridade. Nenhuma delas, contudo, queria ganhar uma ruga ou assumir os grisalhos. Isso é relevante de ser analisado porque é uma atitude que marca que não estamos, de fato, diante de um problema de experiência, de vivência e de consequências naturais do processo de envelhecimento. Lidamos aqui com uma questão de credibilidade, pertencimento e adequação ao mundo do trabalho. Para as mulheres, não basta ser boa, competente e capaz. A roupa também precisa gritar, em tempo integral: *eu sei o que estou fazendo, me respeite!*

A reclamação mais comum entre as mulheres mais velhas, por sua vez, é que, em seus trabalhos, sempre se assume que elas não vão entender um aplicativo que acabou de ser lançado, que não se relacionam bem com a internet ou que não sabem mexer em um smartphone. É claro que, sim, muitas mulheres querem parecer muito mais novas e se dedicam ativamente a isso, mas, em geral, quem procura uma consultoria de moda não está atrás disso. Elas buscam, na verdade, parecer mais modernas, querem se afastar da imagem mãe-avó, pedem que a roupa seja sempre mais ousada, porque não aguentam mais perder um tempão todo dia convencendo os colegas de trabalho de que são capazes daquilo que já fazem. De novo, é uma maneira de usar a roupa para exigir espaço e traduzir na vestimenta o que já o são no dia a dia.

A famosa feminista Gloria Steinem diz que as mulheres constituem o único grupo social que se torna mais radical conforme envelhece. Isso porque, ao longo do tempo, nós percebemos os encargos desiguais na criação dos filhos, experimentamos as injustiças do mercado de trabalho e nos damos conta de que no envelhecimento há sempre dois pesos e duas medidas: os homens tornam-se cada vez mais poderosos quando envelhecem — muitos são até percebidos socialmente como mais bonitos —, enquanto a impressão é de que as mulheres vão ficando invisíveis conforme a idade avança. De fato, tanto a vivência da juventude quanto o envelhecimento são processos que homens e mulheres experienciam de maneira bastante distintas.

Nós, mulheres, passamos as primeiras décadas da vida aprendendo a associar nosso valor individual com o atributo da beleza e a entender nosso poder como o reflexo direto da nossa capacidade de atrair os homens. Conforme envelhecemos, contudo, perdemos até este pouco poder que temos como objetos sexuais — se é que podemos chamar isso de poder. Os homens, por sua vez, são socializados desde a primeira infância para entender que a beleza não é nem de longe o valor mais importante que eles têm a oferecer. Por estarem liberados da obrigação de atender a padrões de beleza autoritários, o envelhecimento dos homens os favorece, pois enfatiza qualidades que se desenvolvem ao longo do tempo, sem qualquer ônus de precisar corresponder às expectativas estéticas impostas às mulheres.

Este não é um problema que gira em torno da idade. Caso fosse, também seria sintomático entre homens. Para o gênero masculino, no entanto, todas as idades são boas. Raramente os homens enfrentam problemas no mercado de trabalho com relação à aparência de ser novo ou velho. Homens jovens são considerados ousados e inovadores, admirados pela sua capacidade de tomar riscos, e especialistas em projetar autoconfiança, ainda que não tenham experiência. (Está aí toda a geração do Vale do Silício, com Mark Zuckerberg de camiseta e moletom, para não nos deixar mentir.) Homens mais velhos, por sua vez, inspiram liderança e maturidade, sabedoria, e conseguem ser a um só tempo charmosos e competentes. Os cabelos brancos em um homem, ou a falta de cabelos, indicam simplesmente que ele teve mais tempo para refinar as qualidades que lhe foram demandadas desde cedo, que por sua vez — e não por acaso — são as mesmas qualidades apreciadas no mercado de trabalho.

Para entender por que a idade é um fator que influencia a maneira como nos vestimos para o trabalho formal e remunerado, sugerimos começar pela seguinte pergunta: se a idade é um critério objetivo, que se aplica tanto a homens quanto a mulheres, por que há diferença de tratamento no mercado de trabalho para com a juventude ou velhice masculina e feminina? Por que os homens podem acessar o privilégio de estar confortável com a idade que se tem, enquanto as mulheres parecem ocupar um lugar de permanente inadequação? Essa indagação nos permite ir à raiz política de um problema que faz parte do dia a dia de quase todas nós. E já que não vamos descobrir a fórmula da idade ideal, ao menos podemos compreender por que ela jamais existirá. A partir daí, nossa relação com a roupa de trabalho não será mais uma busca constante e infrutífera, mas um exercício de transcendência daquilo que nos constrange. E, por que não, da capacidade de colocar o problema na mesa de forma direta, sempre que possível.

Quando os pais fundadores escreveram a Constituição dos Estados Unidos, a preocupação com a idade existia entre eles. Decidiram, então, estabelecer a idade mínima de 25 anos para que se assumisse um cargo representativo na Câmara dos Deputados, mas sem limite de idade máxima. Formalmente e perante a lei, portanto, Pelosi e AOC são mais do que adequadas ao cargo que exercem. Mesmo assim, na prática, elas sofrem a pressão de serem ou muito velha ou muito jovem. Temos aí, portanto, um dos pilares que sustentam as assimetrias de gênero e raça na nossa sociedade: a fragilidade da igualdade formal, que nem sempre se traduz em igualdade material, como vimos no primeiro capítulo. Além disso, a igualdade formal disfarça todas as desigualdades materiais pelas quais navegamos diariamente. Basta ver que nas primárias democratas nos Estados Unidos de 2020, no mesmo partido de AOC e Pelosi, os candidatos favoritos eram os septuagenários Bernie Sanders e Joe Biden e o jovem Pete Buttigieg, então com 37 anos. Entretanto, nenhum deles foi confrontado com tanta veemência a respeito de suas idades. Ao contrário, Sanders e Biden eram exaltados pela sua experiência, enquanto Buttigieg trazia a "energia e animação" do jovem comprometido com seu trabalho.

E já que aqui defendemos a materialidade da métrica das nossas conquistas, ou seja, o fato de querermos igualdade real e concreta, cabe lembrar que poucas coisas são mais materiais do que a roupa que usamos. Por meio da roupa, podemos encontrar caminhos que nos ajudem a estar confortáveis no trabalho com a idade que temos, desconstruindo ao mesmo tempo a realidade de que jamais teremos a idade ideal. Pensemos então num modo de usar a roupa de trabalho para lidar com essa questão tão central em nossas vidas profissionais. Pode parecer algo abstrato, mas é, na verdade, bem concreto e traduzível para nossas práticas.

Evidentemente, há vários códigos que de fato podem nos auxiliar quando não queremos parecer jovens demais no ambiente de trabalho. Em geral, tudo o que é mais casual e mais comum de ser encontrado em escolas e faculdades remete à juventude, tipo jeans, camiseta, tênis, malha, roupas muito funcionais e poucos acessórios. Quando queremos parecer mais jovens, pintamos os cabelos brancos, usamos tecidos mais modernos e excluímos do look todos os resquícios senhoris, que é tudo que remete ao universo clássico, tradicional, e, naturalmente, mais parecido com as roupas masculinas, como terninhos, blazers e camisas, saltos baixos, roupa mais estruturada, comprimentos que escondam a pele e estampas clássicas (xadrez, pied-de-poule, listras). E sim, tudo isso existe como linguagem e, intuitivamente, mesmo sem pensar nos detalhes, conseguimos ler informações de juventude ou senioridade nas roupas. Mas nada disso, por si só, é suficiente, porque no fundo, a inadequação não está na roupa. A roupa ajuda a contar uma história e, nesse caso, ela apenas reforça que não há uma idade ideal para ser mulher no mercado de trabalho.

Acreditamos que o primeiro passo para lidar com o etarismo no ambiente de trabalho é reconhecer que ele existe e que, frequentemente, a roupa pode nos ajudar, embora ela não vá, por si, nos libertar. Lembramos mais uma vez que a roupa é uma forma de comunicação não verbal e, portanto, podemos negociar o que se pretende dizer. Afinar o tom, ficar expert na retórica, por assim dizer. Mas ter estilo não engloba só roupa. Estilo anda de mãos dadas com quem somos e com aquilo em que acreditamos. O jeito de andar, falar, sentar à mesa, tudo isso fortalece a narrativa com a qual nos engajamos, e isso nada tem a ver com etiqueta ou boas maneiras. Falamos aqui de comportamento e de acreditar que somos capazes de estar onde estamos.

A roupa é funcional quando entendemos que não precisamos nos desculpar por sermos jovens, pois juventude não significa, necessariamente, inexperiência. É inclusive irônico precisar justificar essa afirmativa, sobretudo neste momento histórico em que a juventude e seu sucesso no mundo do trabalho nunca foram tão valorizados e exaltados. De novo, isso só deixa evidente que não se trata de um problema de idade, mas de gênero. E, por fim, ainda que ser jovem signifique ter menos experiência que pessoas mais velhas, precisamos concordar que pouca senioridade não pode ser razão para desrespeito.

Entender que não há lugar para a mulher no mercado de trabalho nos ajuda a compreender que o problema não é individual, mas estrutural. O nosso não lugar é uma questão coletiva, que enfrentamos juntas, mesmo quando nos sentimos sozinhas. Não é só você que se sente jovem ou velha *demais*. Certamente, a roupa pode ser um ótimo suporte, mas é preciso que você saiba que exerce uma profissão da qual é capaz, que faz um trabalho em que muitos homens brancos, com a mesma idade que a sua, foram medíocres. Independentemente de quão jovem ou velha você seja lida no ambiente de trabalho, respeito é o mínimo que precisa demandar.

Tanto para as mulheres jovens que querem parecer mais velhas, quanto para as mulheres velhas que querem parecer mais jovens, a tendência é tentar se afastar ao máximo de códigos femininos clássicos. As mulheres acusadas de serem muito jovens vão odiar usar peças românticas, enquanto as acusadas de serem velhas vão fugir dos itens com "cara de avó". Não é esse mais um jeito de dizermos, de novo, que é preciso não parecer mulher para ter sucesso no trabalho? Parece muito óbvio que a roupa pode, sim, nos ajudar. Não sejamos hipócritas, nem tenhamos medo de assumir isso. Os códigos existem e usá-los corretamente pode nos trazer algum conforto, além de providenciar uma parceria para encarar esta guerra. No entanto, queremos convidá-las a também pressionar e empurrar esses limites. Será que não vale colocarmos esse assunto em pauta, eventualmente? Será que, ao ouvir piadinhas, não é legal abordar o tema? Sabemos que nem sempre é fácil ou sequer possível, mas acreditamos que é um caminho a se pensar. A roupa, sozinha, não vai resolver.

O EQUILÍBRIO IMPOSSÍVEL ENTRE DESLEIXO E FUTILIDADE

Mais de 18 milhões de pessoas ao redor do mundo pararam para assistir aos penúltimo episódio de *Game of Thrones*. Nele, teríamos de lidar com o triste — e, convenhamos, muito mal construído — fato de que Daenerys Targaryen, nossa rainha preferida, quebradora de correntes e mãe de dragões, havia "enlouquecido". Uma mulher até então justa e comprometida com um mundo livre dos caprichos despóticos dos homens finalmente sucumbia à pressão do poder. Como não houve muito tempo para a construção do arco narrativo, e a transformação da personagem teve de ser um pouco abrupta, os produtores decidiram recorrer a um lugar comum no mundo audiovisual para as situações em que é preciso comunicar depressa que aquela mulher "enlouqueceu". E a razão para usarmos essa palavra entre aspas aqui é porque queremos comunicar depressa o quanto repudiamos a caracterização perdulária de mulheres como "loucas". Pedimos desculpas, mas essa crítica, apesar de extremamente relevante, não faz parte do foco do livro e precisou ser tão brevemente desenvolvida quanto as tramas na última temporada de *Game of Thrones*.

Logo no início do episódio em questão, vemos Daenerys em seu quarto, sentada sozinha. Seus cabelos estão despenteados e ela está sem maquiagem, com olheiras. Nada naquela composição é por acaso. Cada detalhe está ali para que olhemos Daenerys e pensemos: "Coitada, ficou maluca". Ainda que ela contracene com Jon Snow, um personagem que usa seus cabelos soltos e bagunçados, o que destoa do poder é a mulher desarrumada. A esta altura, já está solidamente estabelecido que homens brancos podem se comportar e se apresentar como quiserem enquanto ocupam espaços de poder. Nada atrapalha o privilégio deles. Os cabelos despenteados de Jon Snow indicam uma personalidade destemida e corajosa, enquanto a mesma marca indica em Daenerys o completo despreparo para governar.

A mulher desgrenhada é um código comum para a representação daquelas que devem ser lidas como "loucas" ou "desequilibradas" no cinema e na televisão. Mas, evidentemente, não apenas por lá. Enquanto a foto mais famosa de um dos maiores cientistas da nossa história mostra um homem descabelado e com a língua pra fora, um rosto feminino sem maquiagem emoldurado por cabelos bagunçados continua sendo insistentemente utilizado por diretores e produtores preguiçosos a fim de mostrar uma "mulher louca". Perceba que em nenhum momento a genialidade de Einstein é contestada porque ele não penteia os cabelos. Quando olhamos para as mulheres, contudo, quais são os exemplos com equiparável notoriedade que se apresentam em público com uma aparência lida como desleixada, ainda que sem essa notoriedade tão intensa?

Se ligarmos a TV em qualquer programa jornalístico de debates e análises, não encontraremos sequer uma mulher comentarista que não esteja com seu cabelo impecavelmente arrumado. Veremos, contudo, pelo menos um homem fazendo o tipo "charmoso e desgrenhado". Isso vale para debates eleitorais entre candidatos a um cargo representativo, coletivas de imprensa com um grupo de especialistas ou, basicamente, qualquer sala de reunião. Os homens brancos descabelados não apenas ocupam com tranquilidade o espaço corporativo — com a segurança que apenas séculos de privilégio podem lhe oferecer — como jamais têm sua capacidade intelectual ou profissional posta em xeque pela aparência desleixada.

O cabelo despenteado é uma marca tão forte porque nas mulheres representa uma aparência sistematicamente construída como descuidada e, portanto, problemática. Afinal, o cuidado é uma atividade das mais importantes para o bom funcionamento da sociedade, e associada quase que exclusivamente às mulheres. Cuidamos da casa, das crianças, dos idosos da família, dos amigos e das amigas, da alimentação do dia a dia e de todos os que estão ao nosso redor. Esse lugar da mulher é tão bem estabelecido que quando um homem aparece para trabalhar aparentando desleixo, com frequência se presume que é porque não há uma mulher para cuidar dele.

Como não se espera que um homem saiba se cuidar, sua aparência descuidada diz pouco sobre ele. No caso das mulheres, ao contrário, aparentar desleixo significa algo muito mais profundo: o nosso fracasso na performance do talvez mais importante papel social de gênero que nos é atribuído. Se não conseguimos cuidar nem de nós mesmas, como conseguiremos cuidar de todo mundo que depende do nosso cuidado? E se não cuidarmos de quem depende de nós para isso, não há nenhum órgão estatal, nenhuma empresa ou instituição para assumir essa tarefa. Cuidar dos outros, na sociedade em que vivemos, é um trabalho invisível feito quase que exclusivamente por mulheres e sem qualquer reconhecimento ou remuneração, como já discutimos ao longo do livro.

Por outro lado, o que é considerado aceitável como "cabelos arrumados" é também estruturado por padrões racistas de beleza. Parâmetros eurocêntricos, herdados há mais de quinhentos anos e impostos por práticas colonizadoras, estabelecem a equivalência entre "estar arrumada e apresentável" e "ter os cabelos lisos e escovados". Os cabelos que fogem do padrão europeu das mulheres loiras são imediatamente lidos como desarrumados, feios, deselegantes ou pouco profissionais. Se mulheres com cabelos semelhantes aos das europeias brancas ainda conseguem acessar uma fatia de privilégio ao mantê-los penteados e dentro do padrão estabelecido, mulheres com cabelos cacheados ou crespos, dreadlocks e tranças têm logo de saída o acesso interditado. A escolha violenta de "se diminuir para caber" sequer existe para algumas mulheres.

RACISMO E DISCRIMINAÇÃO ESTÉTICA

Em Nova Lima, bairro da região conhecida como a grande Belo Horizonte, Minas Gerais, uma clínica foi obrigada a pagar uma indenização de 30 mil reais por danos morais a uma recepcionista que foi demitida por se recusar a tirar as tranças que fizera no cabelo. A funcionária era uma mulher negra. A consultora de imagem contratada pelo estabelecimento julgou que as tranças não combinavam com a imagem da clínica. Como vemos, as avaliações estéticas estão constitutivamente relacionadas com padrões de beleza que reproduzem opressões de raça e classe, e que muitas vezes são naturalizados como "apenas questão de gosto". Mas não é.

Na jurisprudência brasileira, há uma infração chamada discriminação estética. Bancos já foram condenados por exigirem que seus empregados tirassem a barba. O Supremo Tribunal Federal decidiu que era inconstitucional a proibição de tatuagens a servidores públicos. Apesar de ser aceito que o empregador imponha certas regras sobre a vestimenta e a apresentação dos funcionários, de acordo com padrões razoáveis, não é possível que a exigência seja discriminatória. De modo geral, a linha que não pode ser cruzada é a discriminação do funcionário por demandas estéticas que não possuem qualquer relação com a realização do trabalho ou que configurem algum tipo de discriminação. No caso específico dos cabelos, apesar de não haver consenso, existe uma forte tendência nos tribunais superiores para reconhecer que qualquer imposição do empregador sobre os cabelos de seus empregados configura pelo menos uma forma de discriminação estética, quando não também caso de racismo.

O assunto, contudo, está longe de ser simples. Em pleno ano de 2018, o presidente do Tribunal Superior do Trabalho — sim, a maior autoridade judicial, em tese, dos direitos trabalhistas no país — editou um ato interno sobre vestimentas ao tribunal. Nele, dizia que a entrada no tribunal

> estaria condicionada à apresentação "com decoro e asseio", impedindo o acesso de "pessoas do sexo feminino trajando peças sumárias, tais como shorts e suas variações, bermuda, miniblusa, blusas decotadas, minissaia, trajes de banho, trajes de ginástica, roupas com transparência, calças colantes e calças jeans rasgadas". Para as "pessoas do sexo masculino" a vedação era de "shorts, bermuda, camiseta sem manga, trajes de banho, trajes de ginástica e calças jeans rasgadas". Por ser tão esdrúxulo, o ato imediatamente suscitou a revolta da Ordem dos Advogados do Brasil e dos sindicatos e não resistiu à pressão das críticas. Em menos de 24 horas o ato normativo foi revogado, mas certamente deixou sua marca na história do TST.

Tratar de discriminação racial e cabelos é um tópico extenso. Não conseguimos lidar com ele neste livro com a profundidade necessária. Impossível, contudo, não destacar a importância da discussão. Uma pesquisa realizada em conjunto pela CROWN Coalition e a Dove, em 2019, ouviu 2 mil mulheres nos Estados Unidos, divididas entre mil mulheres negras e mil não negras. Essa pesquisa nos mostra que o cabelo das mulheres negras tem 3,4 vezes mais chances de ser percebido como não profissional do que o cabelo das mulheres não negras. Ainda, as mulheres negras têm 80% mais chances de precisarem mudar os seus cabelos do seu estado natural para conseguir se encaixar no ambiente de trabalho do que as mulheres não negras.

Os resultados são reveladores do que Kimberlé Crenshaw chamou de experiência interseccional específica das mulheres negras. De acordo com Crenshaw, a mulher negra está numa posição peculiar de combinação de opressões que faz com que elas precisem encarar problemas aos quais nem as mulheres brancas nem os homens negros são igualmente submetidos. Homens negros sofrem racismo que associa os seus cabelos naturais a códigos indesejáveis na sociedade. Mulheres não negras sofrem machismo que impõe a arrumação do cabelo dentro de um determinado padrão como critério essencial para avaliar sua capacidade e legitimidade para ocupar certos espaços. As mulheres negras não sofrem simplesmente com a soma dessas duas formas de opressão. A combinação do machismo com o racismo constrói uma terceira estrutura opressiva que atua sobre as mulheres negras de uma maneira especificamente violenta.

Com isso, queremos chamar a atenção para o fato, portanto, de que a imposição de estar arrumada, que sobrecarrega as mulheres no mundo do trabalho, traz consigo também um padrão racista do que significa estar arrumada. De fato, parece ser um problema muito sério o da mulher que não se arruma para sair de casa. No ambiente profissional é imperdoável. "Coitada, se abandonou, não se cuida mais." "Ela não parece estar bem, será que ainda consegue fazer bem o seu trabalho?" Esses são apenas alguns exemplos básicos que certamente já escutamos por aí.

E não pense que é suficiente se preocupar com a alimentação e fazer exercícios, dormir noites serenas de sono e viver cada dia de maneira tranquila e saudável, rodeadas de pessoas queridas e estudando os assuntos pelos quais nos interessamos mais. Na verdade, nada disso parece importar se você veste uma roupa de algodãozinho amarrotado e não usa maquiagem, nem escova os cabelos antes de sair de casa. Segundo o que a sociedade espera de nós, é preferível que sejamos verdadeiros zumbis por dentro se estivermos lindas por fora.

BELEZA FEMININA COMO POLÍTICA DE ESTADO

A cobrança para nos arrumarmos é constantemente elaborada e reproduzida por meio de diversas práticas, comportamentos e, às vezes, até incentivos estatais. Veja só o exemplo do "efeito batom", que transformou um produto de maquiagem em item de primeira necessidade durante a Segunda Guerra Mundial. Com o slogan *"beauty is your duty"*, [a beleza é seu dever], Winston Churchill, primeiro-ministro inglês à época, defendeu e reforçou que o batom fosse usado para manter a autoestima e a saúde mental das mulheres ao longo da guerra. Enquanto a gasolina era um item racionado, o batom vermelho era distribuído livremente como política de governo. Churchill pregava que as mulheres precisavam se manter lindas para estimular os maridos a voltarem da guerra. Essa era a função das mulheres: ser bonitas.

De fato, ao olhar para o mercado de cosméticos, uma indústria que, no Brasil, ocupa a quarta posição em termos de volume de produção e consumo, conseguimos identificar as cobranças estéticas impostas às mulheres. Até hoje somos muito mais afetadas por noções de beleza do que os homens. Segundo diversas pesquisas, com metodologias diferentes mas igualmente conclusivas, as mulheres brasileiras gastam mais da metade de seus salários com beleza, enquanto os homens não comprometem sequer 1% de sua renda para esse fim.

O esforço de parecer bonita e apresentável é o nosso quarto turno de trabalho. Mais um e, de novo, invisível e não remunerado. Não apenas não recebemos por isso como na verdade alimentamos

> uma indústria da beleza que movimenta cerca de 532 bilhões de dólares ao ano no mundo, isto é, lucra às custas da nossa incansável tentativa de nos encaixarmos nos padrões esperados. Essas necessidades não são apenas um excelente negócio para que as empresas continuem a inventar necessidades estéticas para nós, mas são parte da engrenagem que mantém a assimetria entre os gêneros. Quanto mais requisitos de beleza precisam ser preenchidos, mais oportunidades de mercado são criadas, e quanto mais a indústria da beleza se expande, mais legitimados ficam os padrões estéticos que nos perseguem desde a casa até o trabalho.

O tema da pressão estética remete a um tipo de relato que frequentemente ouvimos no nosso dia a dia de trabalho e também nas conversas com as amigas. Por vezes, experiências traumáticas, problemas graves de saúde e depressão têm como efeito colateral a perda de peso. Como a sociedade cobra muito mais em termos de beleza do que em termos de saúde, por vezes as mulheres que emagrecem em contextos de estresse se encontram na situação bizarra de ouvirem elogios relacionados à sua aparência — "você emagreceu, parabéns, ficou tão bonita" —, ao mesmo tempo que, por dentro, se sentem mal, vazias ou destruídas. E o contrário também ocorre. Mulheres que nunca estiveram tão bem em termos de autocuidado e saúde são frequentemente questionadas se "estão bem" por saírem de casa sem maquiagem.

Mas se não há praticamente espaço no mundo do trabalho para as mulheres que não se arrumam ou que aparentam não se arrumar, também não há para aquelas que gastam tempo demais com a aparência. Repare que as grandes vilãs femininas estão sempre supermaquiadas e produzidas, sendo que quase sempre a vaidade é a fonte principal e específica de sua malvadeza. Nosso primeiro exemplo de bruxa numa história de princesa da Disney foi justamente a madrasta da Branca de Neve, que invejava a beleza da princesa e queria ser jovem para sempre. Conhecemos bem o arquétipo da mulher fútil e vaidosa ao extremo que se preocupa demasiadamente com a aparência: Cruela Cruel estava disposta a matar filhotinhos de dálmatas em busca do casaco ideal para complementar seu batom vermelho e fechar seu look perfeito.

Muitas são as mulheres que têm receio de parecerem burras ou frívolas ao se apresentarem bem-vestidas ou produzidas demais. Uma mulher que chega às sete horas da manhã no escritório com uma maquiagem cuidadosa e um penteado bem-feito causa um incômodo que flerta com o desprezo: *a que horas essa mulher acorda para conseguir se arrumar? Ela não tem nada melhor para fazer do que se preocupar com maquiagem e penteado todos os dias?* Várias mulheres curtem bastante o processo de se arrumar, pensam com cuidado na escolha da roupa e optam por usar parte do tempo no seu dia aplicando uma maquiagem cuidadosa. Obviamente, nossa crítica à indústria da beleza não é uma crítica a nós, consumidoras dela. Achamos mais do que legítimo que uma mulher queira se arrumar bastante para ir ao trabalho, assim como também o é a mulher que escolhe uma aparência mais básica.

Nós sempre estaremos ou arrumadas demais, ou de menos. E se, por algum acaso, conseguirmos atingir esse delicado equilíbrio de estarmos "arrumadas na medida certa", ou será uma condição efêmera ou terá um custo pessoal muito alto. A grande sacada da imposição de padrões cada vez mais rígidos é que nos demandam tempo e energia para estarmos constantemente tentando atingir o inalcançável equilíbrio. Em mais esse aspecto, o mundo do trabalho é ocupado sem maiores preocupações pelos homens, que nem sequer precisam fazer a barba com rigor, enquanto nós acordamos uma hora mais cedo todos os dias para nos arrumarmos, além de usar nosso horário de almoço para encaixar manicure, depilação, cabeleireiro ou algum procedimento dermatológico estético.

Muitas são as pessoas que se julgam inteligentes demais para se preocupar com a roupa que usam e que acreditam mesmo que estão acima disso. Mas apenas o homem branco consegue acessar o privilégio de não se preocupar com a roupa. Na nossa sociedade, é divertido e descolado um homem branco que não sabe se vestir, que usa roupa manchada, que abotoa errado a camisa e que usa sapatos de cores diferentes sem perceber. Também são apenas eles que conseguem gastar pequenas fortunas em cortes de cabelo ou em tratamentos de implante capilar, frequentar manicure com regularidade, e passar muito tempo na frente do espelho ajeitando meticulosamente a barba sem nunca serem considerados fúteis ou menos capazes por causa disso.

Precisamos, portanto, criar caminhos alternativos para resistir a esse lugar que nos foi historicamente imposto. Temos algumas ideias de métodos para desconstruir essa lógica que nos prende à situação insustentável de estarmos sempre ou arrumadas demais ou de menos. Uma sugestão, por exemplo, é que as mulheres que acumulam outros tipos de privilégio — as brancas, ricas, altas e magras — podem fazer algumas escolhas que resistam a essas imposições. Deixar de pintar o cabelo, por exemplo, pode ser uma ação individual que aos poucos constrói uma coletividade um pouco menos hostil às mulheres. Também podem tentar se apropriar mais das marcas da vaidade feminina, aceitando que a preocupação com a roupa e a maquiagem não torna nenhuma de nós menos capaz ou menos inteligente. Ou ainda parar de tirar conclusões precipitadas sobre as escolhas de se arrumar ou não de outras mulheres.

A DISCRIÇÃO NÃO NOS AJUDA E O ESPALHAFATO NOS ATRAPALHA

Uma roupa muito espalhafatosa incomoda tanto quanto uma mulher falando alto e assertivamente nesta sociedade que espera de nós nada além de recato no espaço público. Ser discreta no trabalho nos mantém no "nosso lugar" e faz com que respeitemos as regras do jogo que nos foram impostas. Mas se por um lado não incomodamos ninguém com nossa discrição, dificilmente avançamos aderindo a ela.

Ao mesmo tempo, usar roupas consideradas espalhafatosas não é necessariamente mais promissor para a carreira de ninguém. Mulheres que se vestem assim percebem depressa o tanto de energia que tem de ser gasta lidando com os julgamentos e as reprovações que advêm dessa escolha. Dois problemas muito sérios são criados a partir dessa situação: para mulheres que gostam de roupas mais chamativas, é agressivo obrigá-las a ser discretas, e para mulheres que preferem os looks mais discretos, acaba sendo sufocante o fato de esse estilo corresponder a um apagamento no trabalho.

Hillary Clinton poderia nos dizer, já que precisou transformar completamente o seu estilo de vestir para sair da posição de primeira-dama para a de senadora. Enquanto era a esposa do presidente, Clinton usava roupas consideradas mais femininas e coloridas, que flertavam com o espalhafato e por vezes abraçavam com força o objetivo de chamar bastante a atenção. Por não ocupar um espaço formal no mundo do trabalho considerado produtivo, ela não temia parecer com o que a sociedade espera de uma mulher. Aliás, seu trabalho era ser a mulher do presidente e cumprir a função que é estruturalmente imposta às mulheres.

Para ser senadora, contudo, Clinton precisou passar por uma transformação estética que deixou suas roupas bem mais discretas. As cores abertas e vivazes foram substituídas por tons sóbrios e escuros; as saias rodadas e de cintura marcada, por terninhos de corte reto. Para convencer os eleitores do estado de Nova York a votarem nela, Clinton teve de caminhar por essa difícil linha entre não ser muito chamativa ou se apagar. Em sua última campanha presidencial precisou aguentar críticas sobre não ser autêntica o suficiente e estar representando um papel para agradar aos eleitores. Ora, é óbvio que é exatamente isso que ela fez — do contrário, não teria chances mínimas de ser levada a sério no ambiente político. Poder ser autêntico e não se importar com a aparência é um privilégio que só os homens brancos têm na política institucional e no mercado formal de trabalho.

Muitas mulheres que trabalham em ambientes majoritariamente masculinos optam por usar roupas que consideram neutras. Na prática, isso significa vestir-se o mais parecido possível com os homens naquele ambiente. Em um local de trabalho formal, em que homens usam terno e gravata, as mulheres adeptas dessa estratégia optam por terninhos sóbrios, tecidos tradicionais, cores poucos chamativas e modelagem conservadora. Em ambientes mais informais, essas mulheres em geral adotam uma variação do formato calça jeans e camiseta, sem destoar muito do que seus pares do sexo oposto usam. A lógica é a mesma nos dois casos: usar a roupa mais neutra possível — ou seja, o mais parecida possível com o que os homens usam, mas com poucas marcas do feminino para que não haja qualquer risco de o assunto ser sobre o que se veste. Em situações assim, o que se busca é acessar o privilégio dos homens de serem avaliados no âmbito profissional apenas pelo trabalho que fazem, em vez de estarem expostos ao escrutínio sobre sua aparência, seu comportamento e seus trejeitos.

Aqui, compartilhamos mais uma anedota de alguém próximo. Quando Lígia era estagiária em um grande escritório de advocacia, um dia chegou para trabalhar com uma roupa um pouco fora do dress code daquele ambiente particularmente conservador. Ela estava com uma bota até o joelho, uma saia curta e meia-calça, se sentindo bastante refinada e confiante naquela roupa. Ao cruzar a porta de entrada do escritório, uma das sócias, conhecida internamente por ser "estilosa" e por gostar de se arrumar, viu Lígia e a puxou pelo braço. No meio da recepção, falando alto de modo que todos ao redor pudessem ouvir, a sócia do escritório, ainda segurando Lígia pelo braço, disse: "Nossa, olha como ela veio vestida hoje. Sabe que eu acho que você me imita?". Como se não bastasse, a sócia do escritório saiu andando pelas salas dos outros sócios, arrastando Lígia pelo braço como se estivessem em um desfile bizarro, comentando com cada um deles: "Olha como a Lígia veio trabalhar elegante hoje. Olha a roupa dela que arrumada". Depois desse dia, Lígia não conseguiu mais escolher uma roupa para o trabalho pensando em como ela gostaria de se vestir. Seus índices guiadores passaram a ser os looks que menos chamariam a atenção e que pudessem passar despercebidos.

E aqui vale uma observação rápida, para a qual voltaremos na conclusão deste livro, mas que não podemos deixar de demarcar neste momento. Por essa pequena anedota percebemos como a nossa subjugação é tão presente nas práticas diárias que, muitas vezes, nós mesmas a reproduzimos. Precisamos pensar, portanto, no papel que nós, mulheres, temos na perpetuação das estruturas opressoras, em como muitas vezes contribuímos para alimentar práticas que na verdade nos agridem, ainda que momentaneamente pareçamos ter controle sobre elas. Repensar nossas atitudes no dia a dia do trabalho, para além das escolhas relacionadas a moda, é fundamental. Precisamos sempre repetir: podemos tentar até morrer pertencer à fraternidade masculina branca, mas jamais o conseguiremos. Portanto, paremos de tentar imitar os homens.

A DIVERSIDADE DOS UNIFORMES

Há uniformes e uniformes. Uma toga não é o mesmo tipo de uniforme que um macacão de fábrica. A mesma cor branca tem conotações intensamente distintas quando figura em um jaleco arrematado na gola por um estetoscópio, ou quando aparece em uma camisa e bermuda usados por uma mulher negra cuidando de uma criança branca. Pela discussão a respeito dos uniformes, conseguimos perceber como as roupas são constitutivas do nosso processo de subjetivação.

Em geral, nos dividimos entre aquelas que adoram ter um uniforme para usar todos os dias e aquelas que simplesmente detestam as restrições de expressão que o uniforme representa. Também associamos uniformes a ambientes que restringem nossa liberdade ou exercem um tipo de autoridade específica sobre nós, como escolas, prisões, quartéis militares e hospitais. Essa vestimenta é, por vezes, motivo de imenso orgulho para quem a usa, mas outras vezes pode ser uma marca constrangedora e até mesmo violenta. Um uniforme pode ser tão poderoso a ponto de conseguir interferir no nosso processo de subjetivação, ou seja, é capaz de ser determinante na maneira como nos entendemos como pessoa.

Em diversos casos, os uniformes cumprem uma função bastante específica: comunicar, de maneira imediata, o trabalho feito pela pessoa que o está usando e, como consequência, o lugar social que ela ocupa. Essa relação direta entre uniforme e status social existe porque vivemos em uma sociedade que hierarquiza as pessoas de acordo com o trabalho que executam, além de diferenciar os trabalhos por critérios que reforçam os privilégios de classe. Lidar com o uniforme, entendendo possíveis maneiras de nos apropriarmos dele, é enfrentar diretamente essa lógica.

Em 2018, Serena Williams causou furor com seu uniforme durante o mais importante campeonato de tênis do mundo. O traje que a maior estrela da modalidade usou em Roland Garros foi criticado por "passar dos limites" e ser "muito ousado": um macacão preto colado ao corpo, com uma faixa vermelha marcando a cintura. A roupa não apenas foi vetada como a confederação ameaçou enrijecer o dress code do torneio. O uniforme era inspirado no super-herói Pantera Negra e fora desenvolvido para auxiliar a circulação sanguínea de seu corpo durante o período pós-parto.

Além da funcionalidade, o uniforme também tinha uma mensagem evidente: Serena batizou-o de "roupa de Wakanda" e ressaltou que tinha a intenção de inspirar todas as mães que tiveram dificuldades com a maternidade e com o retorno ao trabalho. Em um tuíte emocionante, a tenista dedicou seu uniforme "para todas as mães que enfrentam uma recuperação pós-parto complicada. Se eu consigo enfrentar, vocês também conseguem", encerrando a mensagem com um "Amor para todas nós!". A fabricante da roupa, Nike, respondeu às críticas do mundo conservador e elitizado do tênis e chegou a divulgar uma foto de Serena com os dizeres: "Você pode tirar a super-heroína de seu uniforme, mas jamais poderá tirar seus superpoderes".

Depois da polêmica de 2018, mantida a proibição do uso do macacão, Serena apareceu no Australian Open usando um macaquinho curto. Em seguida, no US Open, seu uniforme consistiu em um colante assimétrico com uma saia preta de tutu, desenhados por Virgil Abloh. No Roland Garros de 2019, Serena não desrespeitou a proibição do macacão, mas também se recusou a retornar às roupas típicas usadas pelas jogadoras de tênis. Ao incorporar a super-heroína que de fato é, seu uniforme tinha uma espécie de capa com os dizeres "mãe, campeã, rainha e deusa". No Australian Open de 2021, o uniforme de Serena foi um arraso total: um macacão superdiferente, em que uma perna era vestida com calça e a outra com shorts, em homenagem à grande medalhista olímpica Florence Griffith Joyner. FloJo, aliás, foi uma pioneira no uso da roupa esportiva para se comunicar politicamente.

Os uniformes são, portanto, assim como qualquer traje, mais uma possibilidade de espaço para organizarmos nossa resistência e comunicarmos nossas demandas. Também são oportunidades de desconstrução dos privilégios que representam e das opressões que reproduzem, pois são objetivações concretas dessas estruturas. O detento que participa da série documental *Worn Stories* traz um excelente exemplo desse caminho — que também serve como uma bela alegoria das nossas estratégias. Na série, ele aprende a costurar e começa a customizar os lamentáveis macacões cor de laranja obrigatórios aos presidiários — e é um sucesso! O simples fato de cada detento poder expressar, ainda que minimamente, sua individualidade por meio da customização do uniforme representou um pouco de suporte diante da violência institucionalizada de um presídio.

É óbvio que não temos quaisquer ilusões de que a instituição em que esse detento estava se tornou um lugar melhor e menos violento por causa da possibilidade de customizar os uniformes. Evidente que não. Gostaríamos, aliás, que as prisões nem sequer existissem. Mas essa discussão e o exemplo do preso nos permitem denunciar a partir de algo concreto o poder disciplinador das prisões e sua capacidade de destruir subjetividades. Vejam mais um exemplo de uniforme de personalidade, discutido por um funcionário dos correios em entrevista para o site Men Repeller. Ele conta que buscou entender o que era inegociável naquele traje oficial e então se dedicou a criar o que era customizável. A jaqueta era parte do uniforme? Sim, mas ele escolheu usá-la com a gola levantada. As meias também entraram na equação e complementam o tênis mais neutro. Barba, óculos e outros acessórios moldaram o estilo para que aquela vestimenta não apagasse quem ele é.

O que percebemos é que por meio da apropriação dos uniformes e de sua transformação de maneira autônoma somos capazes de inverter a relação de poder entre a veste-

-padrão do trabalho e o indivíduo que a usa, trocando as posições de quem forma e é formado pelo outro. Apesar de esse ser um exemplo mais dramático de imposição homogênea de vestimentas, em certa medida, no mundo do trabalho, todas nós navegamos por algum tipo de uniforme, não é mesmo? Nós vimos ao longo de todo o livro como essas imposições revelam uma história profunda de construção da nossa submissão, mas também aprendemos que podemos desenvolver nossas estratégias de resistência a partir do questionamento, da subversão e da superação delas.

CONCLUSÃO: COMO FAZER A ROUPA TRABALHAR PARA NÓS?

Logo na introdução deste livro, falamos que esta não é uma obra pronta. Estamos começando uma conversa que não víamos acontecer com a frequência e a profundidade necessárias. Com este livro, nossa intenção não é desanimar nossas leitoras ou encerrar a discussão com soluções definitivas. Pelo contrário: nosso sonho é que todo mundo se proponha a vestir o que quiser justamente por entender que o problema é coletivo e que nenhum look irá nos proteger. Não temos uma resposta, não existe um único jeito de fazer, mas temos sugestões e sobretudo vontade de falar mais sobre isso. Nenhuma roupa resolve um problema histórico, social e cultural de gênero. Não avançaremos enquanto não encararmos a discussão por uma perspectiva ousadamente política: somos mulheres sendo expulsas do mercado de trabalho, e isso não se resolve com um terninho desconfortável. Nossa luta não pode se resumir à busca por camuflagens para que consigamos ocupar despercebidas o universo masculino.

Tampouco construiremos nossa emancipação de acordo com a concepção limitada de que a roupa é uma bobagem ou um assunto secundário. A roupa é ao mesmo tempo um termostato social e um instrumento de mudança: enquanto não falarmos sobre isso, não transformaremos nossa realidade. Coloque a conversa na mesa, proponha grupos de leitura deste livro no seu local de trabalho e com suas amigas. Faça ser, cada vez mais, inaceitável constranger ou limitar o que mulheres usam no ambiente de trabalho. Questione-se sempre: isso tem cabimento ou é apenas um discurso patriarcal disfarçado de look?

Por aqui acreditamos que quanto mais privilégio, mais responsabilidade. Portanto, mulheres brancas, ricas, cis, magras podem instrumentalizar outros privilégios para lutar por mudanças, defender outras mulheres e demandar a igualdade material que nos foi sistematicamente negada. Temos um chamado a fazer às nossas leitoras e, quem sabe, até aos nossos eventuais leitores. Estamos cientes de nossos privilégios e de nossas responsabilidades para a desconstrução das estruturas que nos oprimem. Se a nossa condição feminina nos une, certamente diversas outras fontes de privilégio nos separam.

Mulheres brancas estão em uma posição mais confortável que mulheres negras e indígenas do ponto de vista social. Mulheres ricas acessam mais privilégios que mulheres pobres. Mulheres cis não precisam enfrentar certas estruturas de opressão com as quais as mulheres trans lidam. O mesmo vale para mulheres heterossexuais se comparadas às lésbicas e às bissexuais. Para as magras em relação às gordas. Para as mulheres sem deficiência em relação às mulheres com deficiência. Gostaríamos de fazer, portanto, um chamado às leitoras e aos leitores que acumulam diversos privilégios: usem-nos nesta tarefa de desconstrução das opressões.

Se você ocupa uma posição de liderança no seu local de trabalho, por exemplo, há muito a ser feito. Diversos são os estudos que mostram que as pessoas tendem a se vestir e a equalizar as roupas de trabalho pela observação de seus líderes. No mundo corporativo, fala-se, inclusive, de "liderar pelo exemplo" como uma das maneiras mais eficazes de imprimir mudanças relevantes à cultura do local de trabalho. Se você, portanto, coordena uma equipe, contrata pessoas ou apenas está hierarquicamente acima de outra mulher, pode usar a maneira como se veste para comunicar a importante mensagem de que ali, naquele ambiente, é inaceitável que assédios, violências de gênero e comentários debochados sejam feitos a respeito da roupa de outras pessoas.

Em vez de tentarmos cada vez mais nos aproximar dos padrões da masculinidade, precisamos desenvolver uma consciência de classe feminista, nos identificando com práticas que subvertam e ultrapassem a normatividade da binariedade de gênero. Lutemos, por exemplo, para que o código masculino de neutralidade não seja o único aceito como norma de vestimenta. Questionemos constantemente as regras de dress code que são exclusivas para mulheres, como salto alto e maquiagem. Fiquemos atentas às queixas sobre as mulheres com quem trabalhamos a respeito da vestimenta, e se são de fato legítimas (a gente entende que trabalhar de biquíni no escritório talvez não funcione) ou se são apenas incômodos gerados porque a mulher em questão não está "feminina o suficiente" ou está "feminina demais".

Tomemos para nós a responsabilidade de influenciar nosso próprio ambiente, cientes dos privilégios que nos dão segurança e conforto para resistir e questionar. Puxemos o assunto com empresas e instituições parceiras e coloquemos na mesa, de maneira inequívoca, o desconforto causado por roupas. Precisamos perguntar ostensivamente, com todas as letras, "por que seria razoável exigir que mulheres se maquiem, mas homens não?", por exemplo. Coloquemos o dedo na ferida: é racismo insinuar que uma pessoa deve alisar o cabelo ou dizer que um cabelo com dreadlocks ou black power é informal. Chamemos as coisas pelo devido nome.

Pense o quanto você está disposta, segura e confortável para travar conflitos. Se a resposta for "não muito", comece devagar. De repente um detalhe ou outro pode fazer com que você ainda se sinta você mesma — e não fantasiada para trabalhar — e não gere assunto ou desconforto. Alguns exemplos? Cores de que você gosta e que não são neutras podem ocupar espaço de menos destaque, como sapatos, cintos e meias. Acessórios também costumam ser menos notados, principalmente se não forem grandes ou estiverem perto do rosto. Tenha os seus amuletos da vestimenta, algumas peças de roupa ou acessórios que a deixem segura, confortável e em contato com a sua essência. O mundo do trabalho é marcado pela alienação, e tentar nos resgatar nesse processo é fundamental.

Se depois de ler este livro você se sente mais segura para questionar os códigos — porque sabe de onde vieram e que não nos protegem contra a violência de gênero —, tente se aproximar aos poucos das roupas que você gosta e acredita que funcionem para o ambiente de trabalho. Fale abertamente sobre o tema se a escolha tornar-se uma questão. Uma dica, por exemplo, é expressar o desconforto com uma brincadeira ou uma piada com a sua roupa. E lembre-se de que nós, mulheres, nunca estamos sozinhas com as nossas dores e angústias, ainda que muitas vezes pareça. Converse com suas colegas de trabalho, arregimente companheiras para a resistência. Nenhuma mulher vai sozinha mudar o mundo. Precisamos nos unir e nos organizar se quisermos ver, de fato, mudanças profundas acontecerem. Ninguém precisa ser heroína solitária. Podemos sempre incentivar um ambiente mais seguro por meio de apoio, incentivo e defesa mútua. Uma colega usou um vestido estampado e isso virou piada? Diga sem titubear: "Não entendi a graça. Se você não gosta de estampas, basta não usar".

Em geral, quando somos elogiadas, nos sentimos mais corajosas para quebrar barreiras. Então seja generosa nos elogios às colegas de trabalho e não se acanhe em dizer coisas do tipo "acho muito legal como você não usa salto alto e mesmo assim está sempre elegante", ou "você fica linda sem maquiagem". Por fim, naturalize a roupa — afinal, nem tudo precisa ser dito e comentado, e pode ser bastante cansativo encará-la todos os dias como uma trincheira da guerra contra o patriarcado. Tem dias que a gente só quer ficar tranquila e ser bonita em paz. Especialmente mulheres mais tímidas, que muitas vezes podem ficar desconfortáveis com o enfrentamento. Evite olhar e comentar, nesses casos, e procure dar mais atenção ao trabalho que é de fato realizado.

O melhor jeito de lidar com a "roupa diferente" é tratá-la como "normal". Esteja atenta para comprar a briga, mas aja como se aquela coordenação, cor, estampa ou escolha estética não influenciasse o seu trabalho. De fato, ninguém se torna mais genial ou fica mais competente quando veste um blazer. Mark Zuckerberg, inclusive, está aí para provar que é possível construir um império vestindo camiseta e moletom.

Experimente o desconforto, permita-se não cumprir toda a lista de "bela estampa de aprovação social". E, se no seu corpo, de acordo com suas decisões, não couber nenhuma rebelião, lute para que outras mulheres tenham espaço para não ser tão femininas, ou para ser femininas demais, ou usar cabelos e roupas que por séculos foram interditadas socialmente por conterem marcas raciais. O nosso desejo é que este livro instigue você a também criar os seus próprios símbolos de poder em vez de seguir navegando pelos sistemas masculino, branco, Norte-Atlântico e heteronormativo. Que haja muito espaço para a revolução. Vamos juntas!

AGRADECIMENTOS

MAYRA

Gostaria de começar agradecendo minha parceira nesta aventura, Thais. As provocações que você trouxe me levaram por caminhos que amei desbravar ao seu lado. Enquanto escrevia, pude contar também com uma rede de amigas que se dispuseram a ler trechos, ouvir inquietações e dividir suas opiniões comigo. Espero que toda mulher no mundo possa contar com Bárbaras, Izadoras, Cissas, Manoelas, Natálias, Milenas, Érikas, Anas, Andréias, Milas, Marinas, Marianas, Luizas e Joanas em suas vidas. Obrigada, amigas.

Não existe expressão que dê conta do tanto que sou grata à minha mãe e ao meu pai. Maria Helena foi a primeira feminista que conheci na vida. Ter sido educada por ela e incentivada pelo seu exemplo é certamente a maior sorte que recebi na vida. Obrigada, mãe. Luiz sempre leu absolutamente tudo o que já escrevi, desde a época em que eu publicava em blogs por aí. Ele foi a primeira pessoa que me fez acreditar que eu tinha algo interessante a ser dito. Obrigada, pai.

Também seria impossível ter escrito este livro sem os instrumentos críticos que adquiri na academia. Minhas alunas e meus alunos me ensinam sempre a fazer os questionamentos pertinentes e a criar métodos de abordá-los. Com eles aprendo a não parar de criticar. Minhas professoras e meus professores também me ensinaram muito. Boa parte da teoria política do livro foi aprendida nas aulas com Nancy Fraser, Andreas Kalyvas, Jay Bernstein, Banu Bargu e Cinzia Arruzza. Obrigada, turma.

Por fim, agradeço àquele que esteve todos os dias — literalmente, porque o livro foi todo escrito durante a pandemia e estávamos trancados dentro de casa — me apoiando, meu companheiro, Miguel. Ele assumiu quase a totalidade do trabalho doméstico para que eu pudesse me dedicar à escrita e foi sempre o meu lugar seguro onde as energias se renovavam para mais um dia. Obrigada, companheiro.

E muito obrigada às nossas incríveis editoras, Quezia Cleto e Marina Castro. Vocês acreditaram no projeto e fizeram ele acontecer.

THAIS

É impossível encerrar este livro sem agradecer às minhas clientes, todas elas, que de alguma forma me mostraram que roupa de mulher + trabalho é um binômio com resultado político; que confiaram em mim, se abriram e me mostraram que ser mulher no mercado de trabalho continua sendo duro e injusto não só pra mim. Às minhas alunas, que me fazem perguntas impossíveis e me obrigam a estudar mais.

Agradeço também aos meus meninos, Miguel & Tom, que precisaram abrir mão de horas e horas de mamãe para que eu conseguisse escrever (Mig fez até contagem regressiva, mas cheio de orgulho, achando a coisa mais chique desse mundo uma mãe que escreve livro). Ao Ivo, meu amor, pela parceria, mas também e sobretudo pela coragem de andar junto, lado a lado. Às mulheres da minha família, que sempre ousaram trabalhar com amor. Ao meu time F*Inc — que vibra feito família com todas as minhas conquistas (que é também de cada um deles).

À Fernanda Resende, minha primeira professora de consultoria de moda, que não só acreditou como incentivou e se mobilizou para que este livro existisse. E ao Pedro Abramovay, que também foi agente importante pra realização deste sonho aqui.

E, por fim, à Mayra, que adorou a minha ideia logo de cara, que sempre me levou a sério (mesmo sendo ela da política e eu da moda), que virou uma amiga querida ao longo do processo, e que topou fazer o trabalho pesado de organização do livro enquanto eu estava grávida-parindo-amamentando-brincando-educando. Sem ela eu jamais teria sequer começado esse projeto. Um viva enorme às parcerias femininas.

REFERÊNCIAS BIBLIOGRÁFICAS

Reunimos aqui uma lista das referências teóricas que mencionamos ao longo do livro, para quem quiser se aprofundar em alguns temas. Não é uma lista exaustiva, tampouco representa um guia definitivo de leitura. Respeitamos muito todas e todos que vieram antes de nós e se debruçaram sobre inquietações parecidas ou tangenciais às nossas. Encorajamos nossas leitoras e nossos leitores a seguirem lendo e estudando sobre o tema, para que avancemos em nossas conversas sobre as roupas, as mulheres e o mundo do trabalho. Procure as autoras e os autores com as quais você se identifica, crie a sua própria lista de referências, organize a sua biblioteca feminista. Ainda temos muito a construir — e não estamos sós.

AKOTIRENE, Carla. *O que é interseccionalidade*. São Paulo: Jandaíra, 2019.

ANAWALT, Patricia Rieff. *A história mundial da roupa*. São Paulo: Senac, 2011.

ARRUZZA, Cinzia; BHATTACHARYA, Tithi; FRASER, Nancy. *Feminismo para os 99%: Um manifesto*. São Paulo: Boitempo, 2019.

BARTHES, Roland. *Elementos de semiologia*. São Paulo: Cultrix, 2012.

BEAUVOIR, Simone de. *O segundo sexo*. Rio de Janeiro: Nova Fronteira, 2009.

BOURDIEU, Pierre. *A dominação masculina*. Rio de Janeiro: Bertrand Brasil, 2019.

BUTLER, Judith. *Problemas de gênero: Feminismo e subversão da identidade*. Rio de Janeiro: Civilização Brasileira, 2003.

CARNEIRO, Sueli. *Racismo, sexismo e desigualdade no Brasil*. São Paulo: Selo Negro, 2011.

CHU, Andrea Long. *Females: A Concern*. Londres; Nova York: Verso, 2019.

CRENSHAW, Kimberlé. "Mapeando as margens: Interseccionalidade, políticas de identidade e violência contra mulheres não brancas". Trad. de Carol Correia. Geledés, 23 dez. 2017.

D'AVILA, Manuela. *Sempre foi sobre nós*. Porto Alegre: Instituto E Se Fosse Você?, 2021.

DAVIS, Angela. *Mulheres, raça e classe*. São Paulo: Boitempo, 2016.

DELUMEAU, Jean. *A história do medo no Ocidente*. São Paulo: Companhia das Letras, 2009.

DU BOIS, W.E.B.. *As almas do povo negro*. São Paulo: Veneta, 2021.

FANON, Frantz. *Pele negra, máscaras brancas*. São Paulo: Ubu, 2020.

FEDERICCI, Silvia. *Calibã e a bruxa*. São Paulo: Elefante, 2019.

FOUCAULT, Michel. *História da sexualidade*. Rio de Janeiro: Paz & Terra, 2020. v. I: A vontade de saber.

FRASER, Nancy; JAEGGI, Rahel. *Capitalismo em debate: Uma conversa na teoria crítica*. São Paulo: Boitempo, 2020.

GONZALEZ, Lélia. *Por um feminismo afro-latino-americano*. Rio de Janeiro: Zahar, 2020.

GRAEBER, David. "Dickheads: The Paradox of the Necktie Resolved". *The Baffler*, Nova York, n. 27, mar. 2015.

HOLLANDER, Anne. *O sexo e as roupas: A evolução do traje moderno*. Rio de Janeiro: Rocco, 1996.

HOOKS, bell. *Ensinando a transgredir: A educação como prática da liberdade*. São Paulo: Martins Fontes, 2017.

JAMES, C. L. R. *Os jacobinos negros: Toussaint L'Ouverture e a revolução de São Domingos*. São Paulo: Boitempo, 2000.

KANTOR, Jodi; TWOHEY Megan. *Ela disse: Os bastidores da reportagem que impulsionou o #MeToo*. São Paulo: Companhia das Letras, 2019.

KOLLONTAI, Alexandra. *A nova mulher e a moral sexual*. São Paulo: Expressão Popular, 2004.

KOLLONTAI, Alexandra; ZETKIN, Clara. *A revolução sexual e a revolução socialista*. São João Del-Rei (MG): Estudos vermelhos, 2014.

LEGOFF, Jacques. *Uma história do corpo na Idade Média*. Rio de Janeiro: Civilização Brasileira, 2006.

LIPOVETSKY, Gilles. *O Império do efêmero: A moda e seu destino nas sociedades modernas*. São Paulo: Companhia das Letras, 2009.

LORDE, Audre. *Irmã Outsider: Ensaios e conferências*. São Paulo: Autêntica, 2019.

LUXEMBURGO, Rosa. *A acumulação de capital*. Rio de Janeiro: Civilização Brasileira, 2021.

MACKINNON, Catherine. *Butterfly Politics: Changing the World for Women*. Cambridge (MA): Belknap Press, 2019.

MARX, Karl. *O 18 de Brumário de Luís Bonaparte*. São Paulo: Boitempo, 2011.

_____. *A ideologia alemã*. São Paulo: Boitempo, 2007.

MIES, Maria. *Patriarchy and Accumulation on a World Scale: Women in the International Division of Labour*. Londres: Zed Books, 2014.

NADER, Giovanna. *Com que roupa? Guia prático de moda sustentável*. São Paulo: Paralela, 2021.

PATEMAN, Carole. *O contrato social*. Rio de Janeiro: Paz & Terra, 2008.

PRECIADO, Paul. *Manifesto contrassexual: Práticas subversivas de identidade sexual*. São Paulo: N-1, 2015.

ROBINSON, Cedric. *Black Marxism: The Making of Black Radical Tradition*. Chapel Hill: University of North Carolina Press, 2019.

SAFFIOTI, Heleieth. *Gênero, patriarcado e violência*. São Paulo: Expressão Popular, 2015.

WOLLSTONECRAFT, Mary. *Reivindicação dos direitos das mulheres*. São Paulo: Boitempo, 2016.

SOBRE AS AUTORAS

© RENATO PARADA

MAYRA COTTA é advogada, formada pela Universidade de Brasília (UnB), consultora em compliance de gênero, doutoranda em política na New School for Social Research, em Nova York, e mestre em direito criminal pela Universidade Estadual do Rio de Janeiro (UERJ). Também é professora nos departamentos de Politics e Global Studies na Eugene Lang College of Liberal Arts. Já trabalhou como assessora jurídica da Comissão de Direitos Humanos no Congresso Nacional e como assessora especial na Secretaria-Executiva da Casa Civil da Presidência da República.

THAIS FARAGE é consultora de moda e trabalha especialmente com mulheres. Formada em Cinema pela UFF e especialista em estética e gestão de moda pela USP, criou a empresa F*inc e, durante anos, ministrou um workshop para discutir justamente o binômio mulheres × roupa de trabalho.

TIPOGRAFIA Adriane por Marconi Lima
DIAGRAMAÇÃO Verba Editorial
PAPEL Pólen Soft, Suzano S.A.
IMPRESSÃO Gráfica Bartira, fevereiro de 2022

A marca FSC® é a garantia de que a madeira utilizada na fabricação do papel deste livro provém de florestas que foram gerenciadas de maneira ambientalmente correta, socialmente justa e economicamente viável, além de outras fontes de origem controlada.